Barbara Cratzius
Wir feiern Advent und Weihnachten

Barbara Cratzius

Wir feiern Advent und Weihnachten

Geschichten, Gedichte, Spiele, Lieder, Back- und Bastelideen
für Kinder zwischen 2 und 9 Jahren

Illustrationen von Silvio Neuendorf

Ravensburger Buchverlag

Inhalt

Vorwort

Ein Buch für die Adventszeit

Jedes Jahr wieder suchen Eltern und Erzieher nach neuen Ideen und Möglichkeiten, um mit den Kindern dem Zauber der Advents- und Weihnachtszeit nachzuspüren.
Und jedes Jahr nehmen wir uns vor: Diesmal wollen wir diese Zeit etwas ruhiger angehen lassen. – Wir wollen nicht wieder am Heiligabend so überarbeitet sein.
Gewiss – es gehört viel schöpferische Unruhe zur Vorbereitung auf das große Fest. Die Geräuschkulisse einer aufgeregten Kindergruppe bei Spielproben und beim Basteln, die lebhaften Nachmittage in einer Familie mit umgekippten Farbtöpfen und mehlbepuderten Küchentischen – dieses bewegte, betriebsame Durcheinander gehört einfach zu der Atmosphäre der Vorweihnachtszeit.
Wir sollten uns aber auch Zeit nehmen, mit den Kindern die stillen Stunden bei Kerzenlicht, Tannenduft und beim wachsamen Lauschen auf die weihnachtlichen Klänge und Geschichten zu erleben.

Gerade in der Weihnachtszeit stürmen viele schöne neue Eindrücke auf die Kinder ein, die mit allen Sinnen aufgenommen werden können: das leuchtende Gold der gebastelten Sterne, der Glanz und der Duft der Kerzen, der Klang der Glocken, die weiche Berührung durch „Engelsfedern" ...
Das sind sinnhafte Zeichen, die uns in der Weihnachtszeit begleiten und unsere Fantasie und Kreativität beflügeln können.

In diesem Buch erhalten Sie viele Anregungen. Sie können mit den Kindern aber auch einfach nur die schönen farbenfrohen Bilder betrachten und sich daran erfreuen.

Wie ist das Buch aufgebaut?

Für jede der vier Adventswochen hat dieses Buch ein Kapitel:
In jedem erfahren Sie zunächst etwas über weihnachtliche Bräuche und Symbole. Im ersten Teil werden dann Gedichte und Geschichten zum Aufsagen, Nachspielen, Weitererzählen ... angeboten. Im zweiten Teil folgen Spiele und Lieder und im letzten Teil finden Sie Vorschläge zum Backen und Basteln. Auf der Randleiste gibt es zudem Tipps und Hinweise für die Durchführung, zu Varianten etc.

Weihnachtsmann oder Christkind – wer bringt die Geschenke?

Oft „wollen" Kinder weiter an den Weihnachtsmann glauben, auch wenn sie es längst besser wissen. Machen Sie ihnen diesen Glauben nicht kaputt, schließlich überreichen Sie ja auch Ihren Freunden und Bekannten die Geschenke mit der augenzwinkernden Bemerkung, dies habe der Weihnachtsmann/das Christkind bei Ihnen abgegeben.

Ganz grob lässt sich sagen, dass sich Weihnachtsmann und Christkind die Arbeit teilen: Während der Weihnachtsmann vorrangig den protestantischen Norden beliefert, ist das Christkind besonders im katholischen Süden für das Bringen der Gaben zuständig. Je nach familiärer Tradition und regionaler Herkunft gibt es aber auch viele Abweichungen. Und auch das Bild, das wir uns vom Weihnachtsmann machen, verändert sich u. a. durch den Einfluss der Reklame. Wie aber soll man damit umgehen, wenn in Gedichten, Geschichten und Liedern von Figuren die Rede ist, die in der eigenen Weihnachtstradition keinen Platz haben? Grundsätzlich gibt es zwei Möglichkeiten: Zum einen können die Texte entsprechend abgewandelt werden. Da sind es dann eben nicht die Wichtel, die dem Weihnachtsmann helfen, sondern die Engel, die dem Christkind zur Hand gehen. Zum anderen kann man die Kinder aber auch nicht ganz abschirmen. Denn vor Weihnachten gehören Weihnachtsmänner und Christkinder zum festen Bestandteil der Werbung. Deshalb sollte man den Kindern erklären, dass Weihnachten in anderen Gegenden auch anders gefeiert wird und die Geschenke dort von … gebracht werden.

Viel Spaß beim Umgang mit der Sprache

Lieber, guter Weihnachtsmann,
schau mich nicht so böse an!

Advent, Advent,
ein Lichtlein brennt.

Kinder lieben Reime. Lange bevor sie in die Schule kommen, haben sie schon einen Riesenspaß an Abzählversen, Rätseln und Fingerspielen.
Eltern, Lehrer und Erzieherinnen sollten diese Freude am Reimen aufgreifen. Schon früh können wir so den Kindern helfen, die Welt der Sprache durch rhythmische Verse und Reime mit Lust und Freude zu entdecken.
Für mich ist es immer wieder ein Abenteuer, mit kleineren Kindern sprachlich zu spielen und zu experimentieren. Ich erzähle z. B. klitzekleine Weihnachtsgeschichten und animiere die Kinder dabei zum „Dichten". – Mit wie viel Entdeckungsfreude forschen die Kinder nach passenden Reimen!
Wir können durch die gereimte Sprache, durch kindliche Verse die Fantasie der Kinder beflügeln und sie zum Spracherwerb, auch zum Lesenlernen verlocken. So können wir durch gemeinsames Horchen, durch Plaudern, Erzählen, durch den sprachlichen Dialog, durch Fingerspiele und Kniereiter die Kinder in ihrer Sprachentwicklung fördern.
Sie werden in diesem Buch viele Anstöße finden, mit den Kindern ins Gespräch zu kommen, mit der Sprache zu spielen.
Lassen Sie die Kinder Reimwörter finden. Fordern Sie sie auf, sich zu den Bildern zu äußern, locken Sie sie immer wieder zum Erzählen und Weitergestalten.

Horchen, Lauschen, Entdecken und Gestalten von Klängen und Tönen

Jedes Jahr sollte die Advents- und Weihnachtszeit von Kindern und Erwachsenen gemeinsam mit allen Sinnen erlebt werden. Dazu gehört besonders auch das Lauschen auf die feinen Töne, für die wir uns trotz der Berieselung aus den Lautsprechern in den Geschäftsstraßen öffnen sollten.

Auch die Besinnung auf die alten, bekannten Weihnachtslieder gehört dazu. Sie werden in diesem Buch eine Reihe von vertrauten weihnachtlichen Melodien finden, die Sie mit neuen Texten wieder entdecken können.
Dazu gibt es Hinweise, wie Kinder die Lieder und Verse mit Orff-Instrumenten oder auch mit selbst gebastelten Klangkörpern begleiten können.
Dabei können die Kinder mitsummen, mitsingen, sich rhythmisch bewegen, tanzen …
Wenn wir das Empfinden für Töne und Lieder wecken, unterstützen wir auch die Entwicklung der Intelligenz und Wahrnehmungsfähigkeit. Achten Sie gemeinsam auf die besonderen Hörerlebnisse in den weihnachtlichen Tagen:

Lassen Sie die Kinder weihnachtliche Geräusche mit dem Kassettenrekorder aufnehmen. So entsteht ein Klangrätsel.

Wie klingen die Weihnachtsglöckchen am Adventskranz?
Horcht auf das Knacken der Nüsse und der Tannenzweige!
Hört ihr das Stampfen der schweren Nikolausstiefel?
Lauscht dem Knistern der Tannennadeln!
Damit die Kinder diese Klänge mit- und nacherleben können, sollte es im Kinderalltag immer wieder Momente der Ruhe und Sammlung geben.

Rechtzeitig ans Material denken: Die Materialschatzkiste

Ein schön verzierter Pappkarton als „Schatzkiste“ ist für unsere weihnachtlichen Aktivitäten unentbehrlich. Er sollte von oben zu öffnen sein und über das ganze Jahr hinweg gefüllt werden.
Folgende Dinge können in einer solchen Schatzkiste gesammelt werden: Teelichter, Glasmurmeln, Pailletten, Wachsreste, Backförmchen, Moosgummi, Filz- und Wollreste, Korken, Tortendeckchen, Styroporkugeln und Verpackungsreste aus Styropor, Wattekugeln, Reste von Gold- oder Silberpapier, Holzreste, Stroh, alte (nostalgische) Weihnachtskarten und weihnachtliches Geschenkpapier, Farbstifte, Klebestifte, weihnachtliche Aufkleber, Duftöle, Gewürzmischungen, Reste von Gardinen, Stoffen und Laken, die auch eingefärbt werden können …

Wünsche für unsere Schatzkiste

Weihnachten steht vor der Tür,
so viele Dinge brauchen wir.
Reste von Geschenkpapier,
viele bunte Stummelkerzen,
Moosgummi für kleine Herzen,
Filz und Kork und Zauberwolle,
Watteflocken für Frau Holle,
Säckchen für den Nikolaus,
auch Kartons fürs Wichtelhaus,
Kordeln, Goldpapier und Steine,
Federn, Murmeln, große, kleine,
Knöpfe, abgelegte Socken,
Puppenhaar für Engelslocken ...
Und es braucht manch Teddybär
Fellreste – oh, bringt sie her!
Macht die Schatzkiste doch voll!
Danke – das wär wirklich toll!
Ihre Kinder und das ganze Team von ...

Geben Sie den Kindern ein paar lustige Verse mit, in denen Sie die Eltern bitten, beim Füllen der Schatzkiste zu helfen. Eine gereimte Wunschliste ist wirkungsvoller als langwierige Erklärungen. Eine große gereimte und von den Kindern verzierte Wunschliste kann auch an der Eingangstür Ihrer Einrichtung hängen. Dieser ständige „Erinnerungsplan" garantiert für viele Wochen einen enormen Sammeleffekt.

Es muss nicht immer Süßes sein: Die Belohnungsschatzkiste

In der Weihnachtszeit, wenn die Kinder ohnehin viel Süßes bekommen, sollten Belohnungen oder Preise möglichst anderer Art sein. Auch kommt es nicht auf den äußeren Wert an. Für Kindergartenkinder haben die Dinge noch einen ganz eigenen Wert. Deshalb sollten parallel zu den Bastelmaterialien auch solche kleinen Belohnungen gesammelt werden. Dazu eignen sich besondere Perlen, Bilder aus Illustrierten oder alten, aussortierten Bilderbüchern und Katalogen, Aufkleber oder Materialien, die nicht in dem Umfang da sind, dass sie für alle reichen würden und somit etwas Besonderes darstellen.

Die Adventszeit beginnt

Rund um den Advent

Das Wort „Advent“ kommt aus dem Lateinischen und bedeutet Ankunft. Christen betrachten die Wochen vor Weihnachten als Vorbereitung auf das Fest Christi, auf die Ankunft des Christkindes. Gerade in unserer zunehmend durch Werbung und Leuchtreklame beeinflussten Welt ist es wichtig, sich die Zeit zu nehmen, sich in aller Ruhe auf das Fest vorzubereiten. Deshalb sollten den Kindern nicht alle Wünsche vorschnell erfüllt werden.

Mit Aktivitäten wie Backen oder Basteln, mit Geschichten, Gedichten und Liedern wird die Wartezeit sinnvoll überbrückt und die Vorfreude so langsam gesteigert.

Freude empfinden und weiterschenken – das trifft den tiefen Sinn der Adventszeit.

Beim Abzählen der Zeit helfen Adventskranz und Adventskalender.

Der Brauch, einen Adventskranz aufzuhängen, ist noch nicht alt. Vor ungefähr 150 Jahren führte Johann Hinrich Wichern diesen schönen Brauch in einem Hamburger Waisenhaus ein.

Die vier Kerzen am Kranz stehen für die vier Adventssonntage. An jedem Sonntag im Advent wird eine Kerze mehr angezündet.

Der Adventskalender ist sogar noch jünger. 1903 wurde in München der erste gedruckt.

Er war eine Art Bild-Spruch-Kalender, bei dem die Bilder ausgeschnitten und auf die Felder mit den Sprüchen geklebt wurden.

Welche Vielfalt von Adventskalendern tummelt sich seitdem in unseren Kaufhäusern!

Am schönsten sind aber immer noch die selbst gemalten, gebackenen oder gebastelten Kalender.

Geschichten und Gedichte

Rätselgedichte

Was ist wohl gemeint?

Immer rundherum im Kreise,
Hirten, Schafe, Hunde, Weise,
auch ein Ochse und ein Rind,
Maria und Josef mit dem Kind.
Sie drehen und laufen ohne Ruh,
und die Kerzen, die leuchten immerzu.
Sie laufen und holen einander nicht ein,
sag, wo kann das wohl sein?

Auf der Weihnachtspyramide

Ich stehe nahe an der Krippe,
hab zwei lange, graue Ohren,
habe laut und froh geschrieen,
als das liebe Kind geboren.

Esel

Wie ein großes Wüstenschiff
schwankte ich durch den heißen Sand,
trug die reichen, hohen Herren
hin zum Stall im fremden Land.

Kamel

Träume und Wünsche in der Weihnachtszeit

Zur Weihnachtzeit, zur Weihnachtszeit,	
da fliegt ein Engel her von …	*weit*
Ich fand heut Nacht ein Engelshaar,	
das glitzerte ganz wunder…	*-bar*
Ich lieg im Bett ganz lange wach.	
Es knistert leise unterm …	*Dach*
Ob das die Weihnachtwichtel sind,	
die hämmern und feilen und sägen ge…?	*-schwind*
Vielleicht krieg ich die Eisenbahn,	
die schnell und langsam fahren …	*kann*
mit lauter schweren Güterwagen,	
die viele bunte Autos …	*tragen*
Ich wünsch mir ein Flugzeug mit Rädern dran	
und einen Roboter, der sprechen …	*kann*
Ich kann auch sehr bescheiden sein:	
Ein neuer Teddy, das wär …	*fein*
Oder der alte mit neuen Ohren,	
er hat das rechte nämlich …	*verloren*
Nun kuschel ich mich ins Bett hinein.	
Ach, könnte doch morgen schon Weihnachten …!	*sein*

Hier sollen die Kinder das Reimwort jeweils selbst finden. Wird das Wort, zu dem das Reimwort gefunden werden muss, stärker betont, so fällt ihnen das leichter.

Wünsche in der Weihnachtszeit

„Mami, in diesem Jahr hast du wirklich eine tolle Idee mit dem Adventskalender gehabt", sagt Florian. „Das ist wenigstens nicht so ein Babykram wie die Schokoladenweihnachtskalender."
In diesem Jahr hat jeder in der Familie seine Wünsche aufschreiben oder aufmalen dürfen, auch die Omas und die Opas.
Da baumeln alle die Briefe ringsherum am Adventskranz. Zwischen den Strohsternen sieht das richtig lustig aus. Mutter hat schöne große Briefumschläge aus buntem Weihnachtspapier gebastelt. Da stecken die Wünsche drin.

Sprechen Sie ruhig auch schon mit kleinen Kindern über Geld. Man muss zwar nicht ins Detail gehen, aber dass es teuer ist, mit der ganzen Familie auf dem Weihnachtsmarkt Bratwürste und Pommes, gebrannte Mandeln und Zuckerwatte zu essen, sollten auch Kinder rechtzeitig lernen.

Gestern hat Anna einen Brief aufmachen dürfen. „Oh, das ist genau mein Brief!", hat sie laut gerufen. „Guckt mal, ich habe eine Bude und Tannenbäume aufgemalt. Das ist nämlich mein Wunsch, dass wir alle zusammen auf den Weihnachtsmarkt gehen." – „Und Bratwürste und Pommes mit Ketschup essen!", ruft Florian. – „Und gebrannte Mandeln und Zuckerwatte!", schreit Laura. „Und dann gucken wir uns den riesigen Tannenbaum an. Und vielleicht kaufen wir auch einen süßen Engel mit so einem nackigen Po", sagt Anna.

Heute darf Florian einen Brief aufmachen. – „Ich glaub, das ist Omas Wunsch“, meint er und zieht die Stirn kraus. „Na ja, da können wir uns ja nicht rausreden. Ist ja schließlich Weihnachtszeit.“
Und dann liest er vor: „Ich wünsche mir, dass die ganze Familie an einem Nachmittag in der Adventszeit mit mir ins Altersheim geht. Da wohnt doch schon so lange die alte Frau Schulze aus dem Nachbarhaus. Die kriegt so selten Besuch. Wir bringen ihr ein paar Tannenzweige mit selbst gebastelten Sternen und dazu Lebkuchen und selbst gebackenes Früchtebrot und singen ihr ein paar alte Weihnachtslieder vor.“ – „Das ist eine gute Idee“, meint Mutter.
Florian sagt: „Na ja, irgendwann kommt ja auch mein Wunsch dran. Dass wir nämlich alle ins Planetarium gehen und uns die vielen Sterne angucken. Das muss ganz toll sein! Sogar den hellen Stern von Bethlehem kann man da sehen, hat meine Lehrerin gesagt.“
„Ich freu mich schon darauf, wenn mein Wunsch dran ist!“, ruft Laura. „Darf ich ihn schon verraten? Ich wünsche mir, dass Papa und Mama wirklich mal einen ganzen Nachmittag Zeit haben und mit uns Figuren für die Krippe basteln. Und dass Papa uns dann ganz spannende Weihnachtsgeschichten vorliest.“
„Oh ja!“, ruft Anna. Sie nimmt Mischka auf den Arm und tanzt fröhlich mit ihm herum. Dabei singt sie „Lasst uns froh und munter sein!“, bis sich Florian die Ohren zuhält.

Diese Geschichte kann gut zum Anlass genommen werden, um über Wünsche zu sprechen. Müssen Wünsche immer etwas zum Kaufen sein? Wie kann ich anderen eine Freude machen? Zum Schluss könnten eigene Wünsche aufgemalt werden.

Kleine Verse für Weihnachtsfeiern

Lichterfest

Schaut, da brennt nun Licht an Licht.
Kommt, wir wollen singen
und mit Kerzen, Liedern, Sternen
vielen Menschen Freude bringen.

Wenn am Baum die Kerzen brennen

Wenn am Baum die Kerzen brennen,
ist voll Freude jedes Haus.
Und wir tragen Licht und Freude
in die dunkle Welt hinaus.

Wenn am Baum die Kerzen brennen,
sind wir alle froh.
Und das große Fest beginnt.
Kommt zum Kind auf Heu und Stroh!

Spiele und Lieder

Sternschnuppenspiel in der Weihnachtszeit

– Mit einem Goldstern zu spielen, der einen langen Schweif trägt und vom Spielleiter an einem Faden bewegt wird. –

Schau die Sternschnuppe an,
wie sie glänzen, sich drehen und schweben kann.
In diesen weihnachtlichen Tagen,
da leuchtet sie hell und will dir sagen:
Ein Kind hat heute 1-2-3
einen klitzekleinen Wunsch wohl frei.
Vielleicht für den Bären eine Mütze,
fürs Puppenkleid eine rosa Litze,
den Ritter für das Playmobil,
ein neues buntes Lottospiel.
Sag schnell deinen Wunsch, sonst ist sie verschwunden
und hat ein neues Kind bald gefunden.
Doch ich glaub – wir haben beide Glück,
sie kommt bestimmt noch mal zurück.
Da ist sie schon!

Der Spielleiter setzt den Goldstern einem Kind auf die Hand, das schnell seinen Wunsch sagen darf.
Es macht den Kindern viel Spaß, die Sternschnuppe verschwinden und wieder auftauchen zu sehen.
Die Wünsche der Kinder sollten sich aber nicht nur um Spielzeug etc. drehen. Sie könnten sich die besondere Zuwendung der Erwachsenen in der Zeit vor Weihnachten wünschen, z. B.

- dass wir auf den Weihnachtsmarkt gehen,
- dass wir ein Kerzenfest feiern,
- dass Vati uns abends etwas vorliest,
- dass wir gemeinsam Plätzchen backen.

Spiel mit dem Weihnachtsglöckchen

Zunächst erzählt der Spielleiter die Geschichte. Danach folgt das Spiel.

Statt der unterstrichenen Namen werden die Namen von Kindern aus der Gruppe eingesetzt. So ist auch gleich klar, wer diesmal die Rolle der „Glöckchendiebe" übernehmen soll.

Der Oberwichtel Waldemar zieht den ganzen Tag über mit seinem kleinen Weihnachtsglöckchen im Wichtelhaus herum. Er passt genau auf, ob die kleinen Wichtel auch eifrig bei der Sache sind. Wenn der Wichteljunge Dennis wieder mal den Pinsel zur Seite legt und ein bisschen mit den Tieren vom Bauernhof spielen will, dann ertönt gleich das Glöckchen vom Oberwichtel Waldemar. Und Waldemar ruft:
„Weitermalen, nicht geschummelt.
Vor Weihnachten wird nicht gebummelt."
Den Weihnachtswichteln gefällt das nicht. „So ein bisschen verschnaufen, das tut gut", ruft Florian und gähnt. – „Und noch ein bisschen vom Pfefferkuchenhaus naschen!", ruft das Wichtelmädchen Laura und nascht ein bisschen Zuckerguss von dem Zaun um das Pfefferkuchenhaus.
„Lecker, lecker, Pfefferkuchen,
das muss jeder mal versuchen!",
flüstert sie. – „Diese blöde Klingel!", schreit der Wichteljunge Michael. „Ich hab eine Idee!", ruft Lena. „Wenn der Oberwichtel Waldemar schläft, schleichen wir uns heran und nehmen ihm die Klingel weg. Er legt sie nämlich vor dem Einschlafen immer hier auf den Fußboden."

Spielidee:
Auf der einen Seite des Spielkreises steht das Wichtelhaus. Auf der anderen Seite liegt der Oberwichtel auf dem Boden und „schläft". Er hat das Glöckchen neben sich liegen. Jeweils zwei bis drei Kinder schleichen sich heran und versuchen, das Glöckchen wegzunehmen. Sowie dabei ein Glockenton zu hören ist, springt der Oberwichtel auf und versucht, die fliehenden Kinder anzuschlagen. Wenn er ein Kind vor dem Erreichen des Wichtelhauses angeschlagen hat, muss dieses Kind weiter den Oberwichtel Waldemar spielen. Waldemar darf dann in die Schatzkiste hineinlangen und sich zu den anderen Kindern begeben.

Das Glöckchenspiel zur Weihnachtszeit

Wenn die goldenen Glöckchen klingen,
zur Weihnachtszeit, zur Weihnachtszeit,
hörst du die Klänge ganz von weit.
Sind das die Wichtel tief im Wald?
Macht wohl der Nikolaus bei uns Halt?
Läuten Engel ganz von fern,
von dem hellen Funkelstern?
Wer lässt bei uns heut die Glöckchen klingen?
Passt auf, dann wird es uns gelingen.

Wir binden Tannenzweige zwischen zwei Stühlchen fest und binden kleine Glöckchen daran.
Mit kleinen Bällchen, die in Goldfolie eingewickelt sind (oder Bällen aus Zeitungspapier) versuchen die Kinder, nacheinander die Glöckchen zu treffen. Wer es dreimal geschafft hat, darf als „Glöckchenkönig" in die Weihnachtsschatzkiste greifen.

Lustiges Würfelspiel

So wird das Spiel vorbereitet:
Spielplan auf Pappe malen. Eine Verkleidungskiste mit verschiedenen Stoffen und Utensilien für die Engel bereitstellen. Spielsteine für jeden Spieler (Halmafiguren, kleine selbst geformte Wichtel aus knetbarem Material) bereitstellen. Schale mit Keksen füllen.

So wird gespielt:
Das Spiel kann über mehrere Runden gespielt werden, denn es kommt nicht darauf an, wer als Erster im Ziel gewesen ist.
Es wird am Schluss festgestellt, wer sich am lustigsten verkleidet hat, wer am besten gemalt oder gesungen hat, wer …
Der jüngste Spieler beginnt zu würfeln. Während des Spiels müssen die einzelnen Aufträge in den Spielfeldern ausgeführt werden.

Manche Kinder haben Scheu, allein zu singen oder einen Text aufzusagen. Dann sollte es ihnen erlaubt sein, sich einen Helfer zu suchen.

Note: Sing ein Weihnachtslied. Wenn du es ohne Lachen geschafft hast, darfst du bis zum nächsten Notenfeld vorrücken.
Keks: Du darfst einmal in die Keksschale greifen und dem Kind, das mit dem Spielstein direkt hinter dir steht, auch davon anbieten.
Engel: Verkleide dich als Engel und sage einen Spruch auf.
Pinsel: Male ein weihnachtliches Bild und lasse die anderen raten, was es darstellen soll.
Zwei Kinder, die sich streiten: Es hat Streit in der Adventszeit gegeben, 6 Felder zurücksetzen.
Offene Adventskalendertür: Du hast heimlich ein Türchen aufgemacht, 5 Felder zurücksetzen.

Mäuschen in der Speisekammer

In der Mitte des Tisches steht eine Schüssel mit Weihnachtsplätzchen. Ringsherum lauern die Mäuschen.
Als Mäuschen werden Nussschalenhälften oder kleine Mäuse aus Ton oder Modelliermasse bunt angemalt und an jedem Mäuschen wird eine lange Schnur befestigt.
Jeder Spieler hält sein Mäuschen am Schwanzende fest. Der Spielleiter ist die Katze. Er bekommt einen Fangbecher und den Spielwürfel, dessen sechs Seiten mit sechs verschiedenen Farben angemalt sind. Die Farbe der Mäuschen soll den Farben auf dem Würfel entsprechen.
Nun würfelt der Spielleiter.
Wenn z. B. die blaue Seite des Würfels oben liegt, müssen die Spieler ihre blauen Mäuschen schnell zurückziehen.
Die Katze versucht, die Mäuschen mit dem Becher zu fangen.
Der Spieler, dessen Maus gefangen wurde, übernimmt nun die Rolle der Katze.

Als Variante kann das Spiel auch so gespielt werden: Alle Kinder sind Katzen, die verhindern sollen, das die Plätzchen geraubt werden. Von jeder Farbe gibt es eine Maus auf dem Tisch. Der Würfel zeigt jeweils an, welche Maus gerade der Dieb ist. Wer diese Maus als Erstes greift, bekommt zur Belohnung ein Plätzchen.

Am Schlüsselloch

Ein großes Schlüsselloch wird auf Pappe gemalt und ausgeschnitten. Die Papptür wird auf einen Stuhl gestellt, und der Spielleiter steht dahinter, sodass er von der Pappe fast verdeckt wird.
Nun treten die Kinder nacheinander vor das Schlüsselloch und versuchen, die verschiedenen Gegenstände, die der Spielleiter kurz vor dem Schlüsselloch erscheinen lässt, z. B. Tatze vom Teddy, Kittel vom Kasper, Teil des Nikolausmantels, Teil eines Stutenkerls etc., zu erkennen.
Dieses Spiel kann auch mit zwei Mannschaften als Wettspiel gespielt werden. Die Mannschaft, die als Erste alle Gegenstände erkannt hat, darf zuerst in die Schatzkiste greifen oder sich das nächste Spiel wünschen.

Der Spielleiter ruft zu Anfang:
Am Schlüsselloch, am Schlüsselloch,
da möcht ich gerne stehn.
Was gibt es da, was gibt es da
wohl gut versteckt zu sehn?
Ein kleiner Stern? Ein Puppenhaus,
und sicher viel vom Nikolaus.
Guckt nur gut hin!

Goldene Engelsfedern

Ob vielleicht ein Englein in der Weihnachtszeit an deinem Fenster vorbeigeflogen ist?
Enten- oder Gänsefedern oder auch Vogelfedern, die im Sommer gefunden worden sind, werden mit Goldfarbe angesprüht.
Wer eine Engelsfeder morgens irgendwo findet, darf sich etwas wünschen.

Der große Stern

– eine stille Übung –

Der Raum wird etwas abgedunkelt. Die Kinder legen sich auf eine weiche Decke zu einem Stern zusammen. Die Hände und Füße können sich dabei leicht berühren. Der Spielleiter breitet eine große Wolldecke über die Kinder. Er erzählt:
Es war mitten im Winter. Ganz dunkel war es in der Welt. Die Menschen waren traurig und sehnten das Licht herbei. Da erschien am dunklen Himmel ein Stern. Zu Anfang war er kaum hinter den Wolken zu sehen, aber langsam wanderten die Wolken weiter und gaben den Stern frei. (Der Spielleiter zieht die Decke langsam fort.)
Nun begann der Stern immer heller zu strahlen. Ihr spürt es selber, als ob Licht und Wärme langsam von den Fußsohlen hochsteigen. Sie wandern über die Beine, den Po, den Rücken, den Bauch entlang, in die Arme und Hände hinein, bis sie den Kopf erfassen. Ihr spürt, wie der ganze Körper Licht und Kraft und Wärme und Freude bekommt und ausstrahlt. Ihr seid jetzt ganz erfrischt, drückt euch die Hände und steht langsam auf.
(Der Raum wird hell gemacht.)
Ganz erfrischt und froh geht ihr jetzt zum Spielen.

Solche meditativen Übungen klappen nicht immer sofort. Die Kinder müssen erst lernen, sich auf solche Fantasiereisen einzulassen, ohne zu kichern oder Unruhe zu verbreiten. Je öfter Sie solche Übungen durchführen, desto leichter wird es. Und nur wenn der Spielleiter selbst ruhig ist und diese Stimmung weitergibt, kann es gelingen. Führen Sie sie also nicht durch, wenn Sie sich gerade genervt oder gestresst fühlen.

Fühlkarten in der Weihnachtszeit

Da manche Kinder es nicht ertragen, die Augen verbunden zu bekommen, sie aber auch nicht einfach geschlossen halten können, lässt sich als Alternative eine Fühlkiste bauen: In eine Seitenwand eines Schuhkartons wird ein Loch geschnitten, das groß genug ist für eine Kinderhand. Nun wird der Karton verdeckt befüllt und der Inhalt kann durch das Loch ertastet werden.

Weihnachtliche Motive, z. B. Bären, Tannenbaum, Herz, Glocke, Stern, Kerze, auf Karton aufmalen und ausschneiden.
Die Motive mit verschiedenen Materialien bekleben, z. B. Fell, Watte, Sand, Wollfäden, Lametta, Knöpfe, abgetropftes Wachs, Krepppapier, Metallfolie, Moosgummi. Einige Motive nicht bekleben.
Die Kinder schließen die Augen, oder man bindet ihnen ein Tuch um. – Nun wird nacheinander gefühlt. Es sollen die Oberflächenstruktur und die Form der Fühlkarte angegeben werden.
Wer dreimal richtig geraten hat, darf in die Weihnachtswunschkiste greifen.

Dazu kann ein begleitender Vers gesprochen werden:
Bären, Tanne, Glocke, Stern,
alles raten wir so gern.
Glatt und rau, kantig und weich,
alles fühlen wir sogleich.
Und wer das heut am besten kann,
zündet nachher die Kerzen an.

Figurenraten in den Weihnachtstagen

Die Kinder sitzen im Spielkreis im abgedunkelten Raum. Nur ein paar kleine Teelichter schaffen eine schummrige Atmosphäre. Nacheinander malen die Kinder nun mit einer Taschenlampe weihnachtliche Figuren an die Decke oder auf den Fußboden, z. B. Stern, Kerze, Tannenbaum, Kugel, Glocke, Sack, Herz, Vogel, Schneemann. Die anderen Kinder versuchen die Figuren zu erraten.
Wer dreimal richtig geraten hat, darf in die weihnachtliche Schatzkiste greifen.

Wenn wir Weihnachtsduft schnuppern

Weihnachtliche Düfte schaffen eine besondere Atmosphäre in der Weihnachtszeit.
Eine kleine Duftlampe (mit einer Kerze und einem Schälchen Wasser) wird in die Mitte des Kinderkreises gestellt. Einige Tropfen ätherisches Öl (Honig, Vanille, Orange, Mandarine, Zimt) werden in das Wasserschälchen gegeben. Wir stellen uns vor, dass es bei der Weihnachtsbäckerei der Engel und der Wichtel auch so weihnachtlich geduftet hat. Dann singen wir:

(Melodie: Alle Jahre wieder)
Alle Jahre wieder
liegt was in der Luft.
Alle Jahre wieder
schnuppert ihr Weihnachtsduft!

Oben in den Wolken
backt die Engelschar,
aus der Engelsküche
riecht es wunderbar.

Weit hinter den Bergen
in dem Niklaushaus
holen Bäckerwichtel
rasch die Bleche raus.

Backen und Basteln

Adventskalender aus Nüssen für die Kleinsten

Unbeschädigte Nussschalenhälften erhält man, indem man einen Schraubendreher in die Nahtstelle der Nuss drückt und ihn vorsichtig dreht. Diese Aufgabe sollte ein Erwachsener übernehmen.

Das wird gebraucht:

24 Nussschalenhälften
Knete in verschiedenen Farben
24 Zahnstocher
Tonpapier
Filzstifte
Schere
Klebstoff
Stoff oder Tonpapier in Dunkelblau

So wird es gemacht:

Die Nusshälften werden mit Knete gefüllt. Dann werden die Segel ausgeschnitten, mit weihnachtlichen Motiven bemalt, um einen Zahnstocher geklebt und in die Knete gedrückt.
Auf die Segel werden die Zahlen von 1 bis 24 geschrieben.
Die Nussschalenschiffe können nun als Adventskalender auf der Fensterbank, die mit dunkelblauem Stoff oder Tonpapier in ein Meer verwandelt wurde, durch die Adventszeit schwimmen. Mit einem kleinen Lied gleitet Tag für Tag ein Schiff zu einem der Kinder, das dieses dann mit nach Hause nehmen darf.

Sternadventskalender

Das wird gebraucht:

Pappe
gelbe Wellpappe
Bleistift
Schere
Klebstoff
Flitterpulver
gelbes Krepppapier
24 Streichholzschachteln
schwarzer Filzstift
bunte Kordeln
24 kleine Geschenke zum Füllen

So wird es gemacht:

Sternform auf Pappe malen und ausschneiden.
Mit dieser Schablone 24 Sterne aus Wellpappe herstellen.
Sterne am Rand mit Klebstoff einstreichen und mit Flitterpulver bestreuen. Trocknen lassen und dann überschüssigen Flitter abschütteln.
Streichholzschachteln so mit Krepppapier bekleben, dass sie sich noch aufschieben lassen.
Die Streichholzschachteln mittig auf die Sterne kleben und mit dem Filzstift von 1 bis 24 durchnummerieren.
Jede Schachtel mit einer kleinen Überraschung füllen.
Kordel jeweils durch eine Spitze der Sterne ziehen und diese am Adventskranz, an Tannenzweigen oder am Fenster aufhängen.

Gerade wenn man auf Süßigkeiten verzichten möchte, ist es nicht leicht, 24 verschiedene Kleinigkeiten zu finden, die in eine Streichholzschachtel passen. Da bietet es sich an, Gutscheine in die Schachteln zu legen.

Adventskalender aus Lebkuchen

Wer keine Zeit zum Backen hat, kann auch fertige Pfefferkuchen (z. B. Aachener Printen) mit Zuckerguss verzieren.

Das wird gebraucht:

für den Teig:
100 g Butter oder Margarine
400 g Honig
200 g Zucker
2–3 Esslöffel Lebkuchengewürz
3 Esslöffel Kakaopulver
100 g Nussschokolade
50 g Orangeat
50 g Zitronat
100 g gehackte Haselnüsse
600 g Mehl
3 Teelöffel Pottasche
3 Esslöffel Orangensaft

für die Glasur:
2 Eiweiß
2 Teelöffel Zitronensaft
280 g Puderzucker

außerdem:
Klarsichtfolie

So wird es gemacht:

Fett, Honig und Zucker vorsichtig aufkochen lassen, abkühlen.
Lebkuchengewürz und Zucker in einer Schüssel vermischen und zu dem Mehl geben.
Schokolade, Orangeat und Zitronat fein hacken und zusammen mit den gehackten Haselnüssen unter das Mehl mischen. Pottasche in Orangensaft auflösen (riecht unangenehm), mit der Fett- und Honigmasse zu dem Mehl geben, mit dem Handrührgerät durchkneten.
Teig auf ein gefettetes Backblech geben, glätten.
Im vorgeheizten Backofen bei 175° C ca. 30 Minuten backen. Noch warm in 24 möglichst quadratische Stücke schneiden, auskühlen lassen.
Für die Spritzglasur Eiweiß zu Schnee schlagen, Puderzucker und Zitronensaft unterrühren. Mit einer Spritztüte die Zahlen 1 bis 24 auf die Lebkuchen aufspritzen.
Nach dem Trocknen der Schrift die einzelnen Lebkuchen in Klarsichtfolie verpacken und an Tannenzweigen aufhängen.

Eine süße Weihnachtseisenbahn

Das wird gebraucht:

32 Dominosteine
Zuckerguss
Schokolinsen
Smarties
½ Waffelröllchen
Butterkekse
Rosinen
Nüsse
Pappe
Alufolie
Zahnstocher

So wird es gemacht:

Für die Lok drei Dominosteine mit Zuckerguss zusammenkleben. Dann, auch jeweils mit Zuckerguss als Klebstoff, an den Seiten Räder aus Smarties und Schokolinsen und auf dem vorderen Dominostein ein halbes Waffelröllchen als Schornstein befestigen. Zuckerguss als Rauch aufspritzen und die Lok auf einen Butterkeks setzen.
Für die Waggons jeweils einen Dominostein nehmen, mit Rädern versehen und mit Nüssen, Rosinen oder Schokolinsen „beladen". Klebstoff ist auch hier wieder Zuckerguss. Der fertige Waggon steht ebenfalls auf einem Butterkeks.
Aus Pappe vier Rechtecke zuschneiden und mit Alufolie beziehen. Für jede Adventswoche eine Lok mit fünf Waggons auf die glitzernden „Schienen" setzen, die einzelnen Wagen mit Zahnstochern verbinden.

So entsteht ein Adventskalender, von dem die Kinder nacheinander jeden Adventstag einen Wagen abkoppeln dürfen. Die Geburtstagskinder im Dezember bekommen die Lokomotiven.

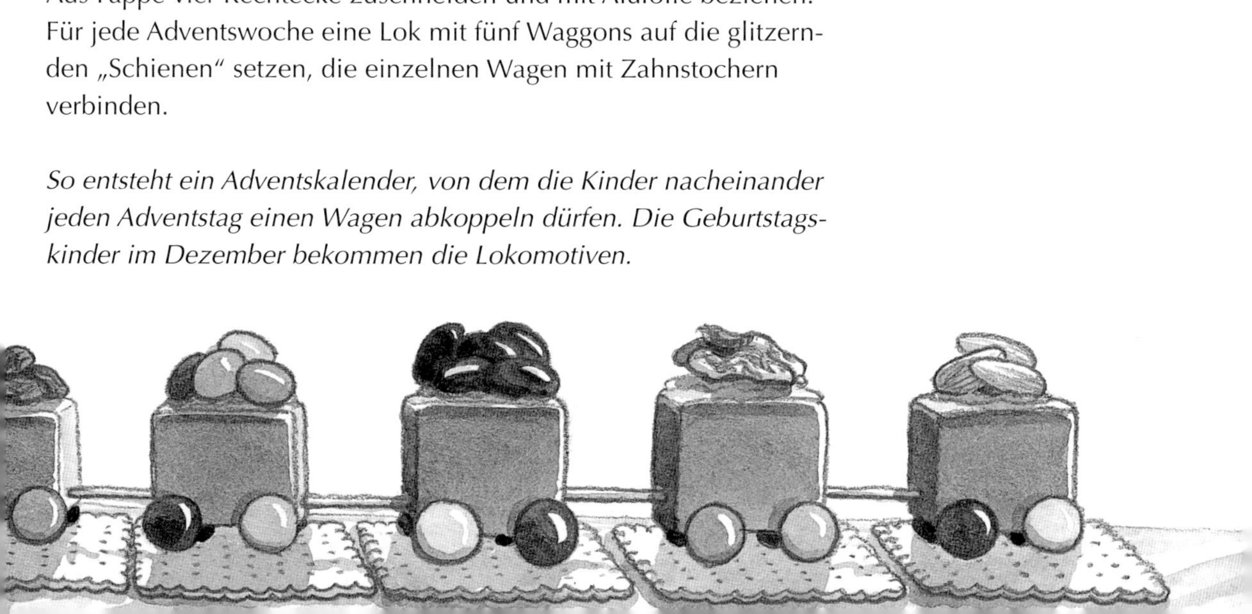

Weihnachtswichtel auf der Wäscheklammer

Das wird gebraucht:

Biegeplüsch in Rot und Weiß
4 kleine Perlen (ø 5 mm)
1 Holzperle (ø 1 cm)
roter Filzrest
Nadel
roter Faden
Filzstifte
Klebstoff
Wäscheklammer aus Holz
Plakafarbe

So wird es gemacht:

Vom roten Biegeplüsch 6 cm für die Beine, 4 cm für die Arme und 3 cm für den Körper zuschneiden.
Beine und Körper jeweils in der Mitte zusammenbiegen. Beinschlaufe in die Körperschlaufe legen und die Körperschlaufe einmal um 180° drehen. Arme mittig zwischen die beiden Körperenden legen und den Körper erneut um 180° drehen. Die beiden Körperenden mit Klebstoff einstreichen und durch das Loch in die größere Perle (den Kopf) schieben.
Die kleinen Perlen als Hände und Füße an den Enden von Armen und Beinen befestigen.
Aus Filz einen Kreisausschnitt (r = 2,5 cm) zuschneiden und mit Nadel und Faden zur Zipfelmütze schließen. Mütze auf den Kopf kleben und mit einem „Pelzrand“ aus weißem Biegeplüsch verzieren. Mit Filzstiften ein Gesicht aufmalen.
Eine Wäscheklammer mit Plakafarbe bemalen, trocknen lassen.
Nun den Wichtel rittlings auf die Wäscheklammer setzen und festkleben.

Der Wichtel auf der Wäscheklammer ist nun überall zur schnellen Verzierung einsatzbereit.

Schreibt man den Namen des zu Beschenkenden auf die Klammer, so eignet sie sich auch gut als Geschenkanhänger.

Festlicher Kerzenständer

Das wird gebraucht:

Gips
Becher, Wasser und Spatel zum Anrühren des Gipses
Gold- oder Silberfolie einer leeren Kaffeepackung (500 g)
rotes Schleifenband
1 Kerze
Filz in Rot und Grün
kleine Perlen
Nadel und Faden

So wird es gemacht:

Gips anrühren. Leere Kaffeepackung zu etwa ⅓ mit Gips füllen, die Kaffeetüte nach innen einschlagen, eine Kerze hineinstecken und die Tüte oberhalb der Gipsfüllung mit Hilfe des Schleifenbandes zusammenbinden. Den Gips abbinden lassen. Achtung: Gips wird beim Abbinden recht warm!

Zur Verzierung wird nun ein Weihnachtsstern aus Filz als Kerzenring gebastelt. Dazu werden rote Blütenblätter und grüne Staubgefäße aus Filz ausgeschnitten. Dann wird jeweils ein Staubgefäß auf ein Blütenblatt gelegt und beide so der Länge nach gefaltet, dass das Staubgefäß innen liegt. Nun abwechselnd eines dieser Teile und eine Perle auffädeln und zum Ring schließen.

Diese Schmuckrosette wird über die Kerze gezogen und schmückt so den „Nikolaussack“.

Grünes Adventsbäumchen

Alternativ kann man auch Kiefernzapfen verwenden, die allerdings nicht ganz so groß sind.

Das wird gebraucht:

große, schön geformte Zapfen, am besten von Pinien
Blumenerde
Kressesaat
Moos
Wassersprüher

In der Kindergruppe kann jedes Kind sein eigenes Bäumchen haben, pflegen, d.h. besprühen und aufmerksam das Treiben der jungen Pflänzchen beobachten.

So wird es gemacht:

Zwischen die einzelnen Schuppen des Zapfens wird etwas Erde gestreut, in die Kressesamen gedrückt werden. Dann wird der Zapfen in ein Moosbeet gesteckt und regelmäßig mit einem Wassersprüher angefeuchtet.

Diese grünen Zapfenbäumchen sind ein schöner Schmuck in der Adventszeit.

Weihnachtliche Frottage

1 – 2 – 3,
das geht wie Zauberei!
Seht wir schneiden Sterne aus,
Glocken, Kerzen, Knusperhaus.
Dann Papier darüber legen,
festhalten und nicht bewegen!
Nun die Wachsmalkreide her,
reiben, das geht gar nicht schwer!
Schaut mal an,
wie ich zaubern kann!

Das wird gebraucht:

Wellpappe
Pappe
Schmirgelpapier
Papier
Wachsmalkreide

So wird es gemacht:

Verschiedene weihnachtliche Motive werden aus Wellpappe, Pappe oder Schmirgelpapier ausgeschnitten. Einfarbiges Papier darauf legen und mit Wachsmalkreide drübermalen. Schon wird das darunter liegende Motiv sichtbar. Mit dieser Technik lässt sich weihnachtliches Geschenk- und Briefpapier gestalten.

Weihnachtsschmuck aus Holz

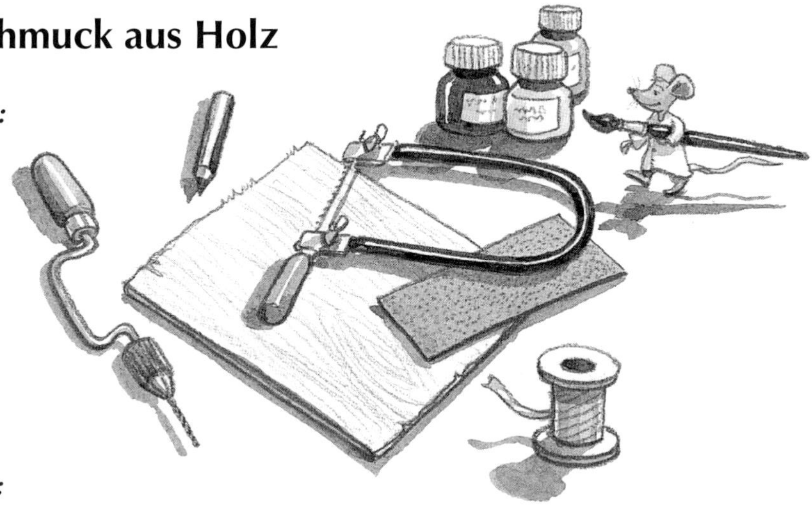

Das wird gebraucht:

Sperrholzreste
Bleistift
Laubsäge
Bohrer
Sandpapier
Plakafarben
Klarlack
Schmuckband

So wird es gemacht:

Weihnachtliche Figuren mit Bleistift auf das Sperrholz malen.
Mit Hilfe eines Erwachsenen (ältere Kinder können es schon allein) aussägen.
Ein kleines Loch zum Aufhängen bohren. (Dabei sollte ein Erwachsener helfen.)
Die Kanten mit Sandpapier abschmirgeln.
Figur mit Plakafarben bunt bemalen, nach dem Trocknen mit Klarlack überziehen.
An Schmuckbändern am Adventskranz oder an Tannenzweigen aufhängen.

Wenn der Nikolaus kommt

Wer war der Nikolaus?

Der heilige Nikolaus lebte im vierten Jahrhundert in Kleinasien (gestorben um 350 n. Chr.). Er war der Bischof der Hafenstadt Myra. Von seinen Eltern hatte er einen großen Besitz geerbt. Mit diesem Reichtum half er Menschen, die in Not waren. Davon erzählen viele Geschichten. Seine besondere Fürsorge und Liebe galt den Kindern, für die er immer etwas in den Manteltaschen hatte.
Der Bischof hörte eines Tages einen Vater klagen, dass er zu arm sei, um seinen Töchtern eine Aussteuer zu geben. Ohne Aussteuer aber konnten die Mädchen nicht heiraten.
Nikolaus empfand Mitleid und warf den drei Mädchen unerkannt in der Nacht drei Goldklumpen durch das Fenster.
In einer ähnlichen Legende heißt es, dass der Nikolaus das Gold durch den Schornstein in die Strümpfe der Mädchen warf. Diese hatten die Strümpfe am Kamin zum Trocknen aufgehängt. Auch heute noch ist es in manchen Gegenden Brauch, dass die Kinder ihre Strümpfe an den Kamin hängen.
Es gibt auch noch andere Legenden, die sich um die Gestalt des gütigen Nikolaus ranken. So wurde er zum Retter aus Seenot und damit zum Beschützer der Seeleute.
Einer anderen Legende nach soll er, um den Menschen in der Stadt Myra in der Hungersnot zu helfen, die Goldschätze der Kirche verkauft und für Korn und Brot eingetauscht haben.
An seinem Festtag, dem 6. Dezember, werden viele Nikolausbräuche wieder lebendig.
Vor etwa 400 Jahren kam der Brauch auf, dass die Kinder ihre Schuhe vor die Tür oder das Fenster stellen, in die der Nikolaus ihnen dann über Nacht kleine Geschenke hineinlegt.

Geschichten und Gedichte

Lied von der Weihnachtsbäckerei im Nikolaushaus

(als Fingerspiel auf die Melodie von „10 kleine Negerlein")

Die zehn Finger nach vorne strecken.

Draußen im Winterwald, da steht das Nik'laushaus,
da gucken heut zehn Zwergenkinder aus den Fenstern raus.

Der linke Arm stellt den Schlitten dar, die rechte Hand ist der Nikolaus.

Nikolaus, der fährt herbei im tiefen Winterwald,
dann macht er vor dem Nik'laushaus mit seinem Schlitten Halt.

Die Hand lockt mit dem Zeigefinger.

Kommt, liebe Zwergenkinder, tummelt euch geschwind,
backt Sterne, Brezeln, Pfefferkuchen heut für jedes Kind!

Der Daumen der rechten Hand bewegt sich.

Bruno, der erste Zwerg, der holt das Mehl herbei,
dann läuft er raus zum Hühnerstall und bringt noch schnell ein Ei.

Der Zeigefinger der rechten Hand bewegt sich.

Und hier der zweite Zwerg nun Mehl und Zucker wiegt,
er weiß genau, wo Hefe, Zimt und die Vanille liegt.

Der Mittelfinger der rechten Hand bewegt sich.

Willi, der dritte Zwerg, macht das Feuer an,
legt Zweige auf, füllt Kohlen nach, so viel er schieben kann.

Der Ringfinger der rechten Hand bewegt sich.

Seht ihr den vierten Zwerg, der sucht Rezepte aus,
die schönsten gibt es jedes Jahr dort im Nik'laushaus.

Der kleine Finger der rechten Hand bewegt sich.

Flori, der fünfte Zwerg, der holt die Schüsseln her,
wir brauchen Nüsse, Mandeln, Schmalz, Rosinen und noch mehr!

Der Daumen der linken Hand bewegt sich.

Und dann der sechste Zwerg, der schlägt den Eischnee fest,
damit der Kuchen locker wird, es bleibt bestimmt kein Rest.

Der Zeigefinger der linken Hand bewegt sich.

Peter, der siebte Zwerg, der knetet, wälzt und rührt,
den Teig, den rollt er ganz dünn aus, hat nicht mal von probiert.

Der Mittelfinger der linken Hand bewegt sich.

Seht ihr den achten Zwerg, der ist 'ne Leckermaus,
der leckt noch jedes Schüsselchen ratzeputze aus.

Mäxchen, der neunte Zwerg, der sticht Figuren aus,
die Monde, Vögel, Fisch und Stern, die Katze und die Maus.

Der Ringfinger der linken Hand bewegt sich.

Martin, der zehnte Zwerg, der zieht die Bleche raus,
nun duftet es ganz weihnachtlich im Wald ums Nik'laushaus.

Der kleine Finger der linken Hand bewegt sich.

Und dann am Nikolaustag, was hängt da an der Tür?
Ein klitzekleiner Zwergengruß: Der Nikolaus war hier!

Am Schluss bilden beide Hände das Dach vom Nikolaushaus.

Das Fingerspiel wird gemäß der Vorgaben am Rand gespielt. Wer mag, malt vorher mit ungiftigen Filzstiften Wichtelgesichter auf die Finger. Zusätzlich können die Wichtel mit kleinen Filzhütchen oder den Figuren aus einem „Fang den Hut"-Spiel ausgestattet werden.

Wird dieses Fingerspiel bei einem Elternnachmittag im Kindergarten aufgeführt, so können die Kinder zum Schluss ihren Eltern liebevoll eingepackte Zwergengrüße (Beutelchen mit Selbstgebackenem) überreichen.

Der rote Schal vom Nikolaus

1. Szene:
Auf einer Seite des Raumes wird das Wichtelhaus (bestehend aus einem großen Karton) aufgestellt.
Die Wichtelkinder suchen sich aus, welche Tätigkeit sie darstellen wollen. Es kann gehämmert, gesägt, gebacken, genäht und gewaschen werden. Der rote Schal hängt über einer Wäscheleine.

Die Weihnachtswichtel waren das ganze Jahr über sehr fleißig. Schon im Sommer konnte man es tief im Weihnachtswald hämmern und sägen hören. Und im Herbst zog ein wunderbarer Duft nach Pfefferkuchen und Zimtsternen zum Häuschen vom Weihnachtsmann.
Im Winter jedoch wurde es richtig ernst: So viele Puppenkleider mussten fertig genäht werden. Die Kasperkittel und die Hexenschürzen mussten gewaschen werden. Lustig flatterten sie auf der langen Leine, die die Wichtel zwischen die hohen Tannen und das Nikolaushaus gespannt hatten.

2. Szene:
Der Winterwind (verkleidet mit weißen und blauen Bändern aus Krepppapier) saust um das Wichtelhaus herum, reißt den Schal von der Leine und fegt damit im Raum umher, bis er ihn fallen lässt. Einige Kinder können die klirrende Kälte und das Brausen des Windes akustisch untermalen (Blasen, Heulen, dazu Blockinstrumente).

Der Winterwind blies die Wichtelsocken und die Zipfelmützen hin und her. Neben einem bunten Puppenrock flatterte ein roter Schal. Das war der Schal vom heiligen Nikolaus. Die Wichtel hatten ihn besonders gut gewaschen. Der Schal hatte das ganze Jahr über zusammengeknüllt in einer Ritze vom Rentierschlitten gelegen. Voll Stroh und Staub war er gewesen.
„Hui", dachte der Wind, „das ist ein lustiges Spielzeug! – Den reiß ich runter von der Leine und jag ihn hin und her zwischen den Tannen!" Nach einer Weile hatte der Wind keine Lust mehr. Er ließ den roten Schal einfach neben einer hohen Fichte in den Schnee fallen.

3. Szene:
Ein Kind läuft als Rehbock herum. Es kratzt mit den „Hufen" hungrig an verschiedenen Holzgegenständen im Raum. Dann findet es den Schal und bindet ihn sich um.

Dort fand ihn ein Rehbock, der hungrig an der Rinde schabte. – „Was ist das für ein schönes warmes Ding!", dachte er. – „Der wird mir eine Weile den kalten Hals wärmen!" – Und er spießte vorsichtig den Schal auf, dass er wie eine rote Fahne an seinem Geweih flatterte.

4. Szene:
Ein Kind hoppelt als Häschen. Nach einer Weile löst es den Schal vom Hals des Rehbocks und bindet ihn sich um.

Da erblickte ihn ein Häschen. – „Sag mal, du willst wohl in den Weihnachtstagen alle Jäger anlocken! Du gibst bestimmt einen guten Braten ab!", meinte es. „Gib mir schnell das rote Dings da! Meine Ohren sind ganz erstarrt in der Kälte!"
Der Rehbock dachte: „Lieber ein bisschen frieren als in der Bratpfanne zu landen!" – Er kniete vor dem Hasen nieder. Da griff das Häschen mit beiden Pfoten nach dem roten Schal und hoppelte fröhlich davon.

„Kra-kra!" – Hoch oben in den kahlen Birkenzweigen hockte eine Krähe und schrie ihren Hunger in die Winternacht hinaus.
„Arme Krähe!", dachte das Häschen, „vorige Woche hat sie mir noch von der Mohrrübe abgegeben, die sie dem Schneemann aus dem runden weißen Schneekopf rausgezogen hat." – „Komm runter, arme Krähe!", rief das Häschen, „ich hab da drüben ein Feld mit vielen Kohlköpfen und Kartoffeln entdeckt. Hab mir genug ausgebuddelt. Kannst dir auch welche holen!"
„Kra-kra", schnarrte die Krähe und flog herunter. „Danke, lieber Hoppelhase, eine Hand, will sagen, ein Fuß wäscht den anderen. – Aber was hast du denn da für einen roten Lappen um den Hals gewickelt? – Ich hab den Rotfuchs im Gelände streifen sehen. Wenn der dich entdeckt, ist es um dich geschehen!" – „Meinst du wirklich?", schrie das Häschen ganz entsetzt. – „Komm, zieh mit dem Schnabel den Schal runter. Dann kann ich Haken schlagen, und weg bin ich!"
Die Krähe flog mit dem roten Schal über die verschneiten Felder. Da sah sie tief unter sich Rauch aufsteigen. – „Ach, das Haus der Weihnachtswichtel!", dachte sie. – „Und da sind auch die fleißigen Wichtel bei der Arbeit! – Na, so was! Die suchen doch im Schnee nach irgendetwas! Sollte das rote Ding da der Schal vom heiligen Nikolaus sein? Soll der sich etwa erkälten bei dem eisigen Winterwind?
Der gute Nikolaus! Im letzten Jahr hat er mir die vielen Pfefferkuchen an die Zweige meiner Birke gehängt. – Da muss ich mich doch bedanken!" Und schon ließ sie den Schal fallen.

5. Szene:
Auf einem Stuhl oder Tisch schlägt ein Kind als Krähe mit den Flügeln und schreit laut „Kra-kra". Die Krähe bindet dem Häschen den Schal ab und fliegt damit zum Haus der Weihnachtswichtel. Dort suchen die Wichtel schon nach dem Schal. Die Krähe hängt ihn über die Wäscheleine. Alle Wichtel schreien laut: „Hurra! Der Nikolausschal ist wieder da!"

Langsam schwebte er herab, gerade auf die Leine mit der Puppenwäsche. „Der Nikolausschal ist wieder da!", schrien die Wichtel. „Hurra! Hurra!"

Und so ist es gekommen, dass der alte Nikolaus mit seinem schönen roten Schal warm eingehüllt über die Wolken brausen konnte. Habt ihr ihn auf seinem Rentierschlitten wohl gesehen? Oder habt ihr die Kufen von dem Schlitten knirschen gehört? – Bei uns ist er jedenfalls heute Nacht vorbeigefahren!

6. Szene:
Alle fassen sich an den Händen und tanzen fröhlich herum.

Fingerspiel von den Weihnachtszwergen

Fünf Weihnachtszwerge könnt ihr hier sehn,
die wollen zum Knecht Ruprecht gehen.
Der erste hilft beim Pfefferkuchenbacken,
der zweite die vielen Geschenke verpacken.
Der dritte näht dem Teddy die Ohren an,
der vierte bemalt die Arme vom Hampelmann.
Der fünfte bastelt ein Mäusekind.
Am Abend alle müde sind.
Knecht Ruprecht deckt sie zu ganz sacht
und wünscht allen Zwergen 'ne gute Nacht.

Bei diesem Fingerspiel tanzen die fünf Zwerge auf den Fingern einer Hand. Nacheinander werden sie hochgestreckt. Am Schluss werden die Zwerge mit der anderen Hand sanft zugedeckt.

Wenn der Nikolaus kommt

– Fingerspiel –

Fünf Bärenkinder sind aufgewacht,
brumm, brumm, kurz war die Bärennacht.
Das erste Bärchen mag sich recken
und Arme und Beine ganz weit strecken.
Das zweite Bärchen krault zart dein Ohr:
„Wer singt ein Nik'lauslied mir vor?"
Ganz laut brummt da der dritte Bär:
„Mami, bring schnell die Honigtaler her!"
Da brummt noch lauter der vierte Bär:
„Ich hab so'n Hunger, mehr, noch mehr!"
Der fünfte Bär, der zieht sich an,
der ist ein flinker, kleiner Mann.
Er packt den Rucksack – 1-2-3,
isst schnell den Löffel Bärenbrei.
Er mag heut gar nicht länger warten,
rennt in den Bärenkindergarten.
So stapft er schnell aus dem Bärenhaus,
denn in den Kindergarten kommt – der Nikolaus!

Dieses kleine Fingerspiel kann mit braun angemalten Fingerkuppen gespielt werden. Die Hand ist zunächst noch zur Faust geschlossen. Dann wird die Hand geöffnet und alle Kinder brummen gemeinsam ganz laut. Danach reckt sich der Daumen, der erste Bär, hoch. Mit dem Zeigefinger – zweiter Bär – wird das Kind hinter dem Ohr gekrault. Dann zappeln Mittelfinger und Ringfinger aufgeregt hin und her. Zum Schluss stapft der kleine Finger davon.
In der anderen Hand kann dann eine kleine Nikolausfigur aus Schokolade erscheinen.

Spiele und Lieder

Spiel mit dem Nikolaussack

Wenn die Kinder diese Aufgabe bereits gut lösen können, sollten sie aufgefordert werden, es einmal mit nur einer Hand zu probieren. Noch schwieriger wird es, wenn Rechtshänder die linke und Linkshänder die rechte Hand benutzen müssen.

Die Kinder hören zunächst die Legende (Seite 45), wie der Nikolaus den hungrigen Menschen in Myra Korn gebracht hat. Sicher haben die Menschen sich sehr beeilt, um ihre Säcke mit Korn zu füllen.
Daraus können wir ein kleines Spiel ableiten:
Etwa 4–5 Kinder sitzen auf dem Boden im Kreis zusammen. Jedes Kind hat ein kleines Säckchen in der Hand.
Die Erzieherin stellt vor jedes Kind ein Schüsselchen mit 5–6 Esslöffeln Weizenkörnern hin.
Zunächst wird ein Lied gesungen.

(Melodie: Lasst uns froh und munter sein)

Nik'laus, Nik'laus, komm doch her,
schau, die Menschen hungern sehr.
Du halfst ihnen in der Not,
brachtest Korn und Mehl und Brot.

Nik'laus, guter Nikolaus,
Freude zieht in jedes Haus.
Deine Hände sind nicht leer,
reich uns deine Gaben her!

Dann schlägt die Erzieherin drei Schläge auf dem Glockenspiel oder Xylophon an. Auf das Tonsignal hin versuchen die Kinder, mit den Fingern die Weizenkörner in die Säckchen zu füllen. Jedes vorbeigefallene Korn muss dabei wieder aufgesammelt werden.
Das ist eine wunderbare Übung für die Feinmotorik der kleinen Finger. Alle Kinder dürfen danach in den großen Nikolaussack (bzw. die Schatzkiste) greifen, in der Reihenfolge, in der sie fertig geworden sind.

Wie der heilige Nikolaus die Menschen vor der Hungersnot bewahrt hat

Der Bischof Nikolaus hat in der Stadt Myra in der heutigen Türkei gelebt. Dort ist es fast das ganze Jahr über sehr heiß.
Es hatte wochenlang nicht geregnet. Die Brunnen waren ausgetrocknet und das Korn auf den Feldern war verdorrt. Die Menschen konnten kein Korn mahlen und kein Brot backen. Sie hungerten sehr.
Da zogen sie mit ihrem Bischof Nikolaus zur Kirche und baten Gott um Hilfe. Bald darauf tauchten weit über dem Meer Schiffe auf. Sie hatten viel Korn geladen. Aber die Kapitäne wollten den hungernden Menschen nichts davon geben.
Da befahl der Bischof Nikolaus, die Goldschätze aus der Kirche herbeizutragen. Es waren prächtige Bilder mit goldenen Rahmen und goldene und silberne Leuchter.
Endlich ließen die Kapitäne viele Säcke mit Korn in die Stadt Myra bringen. Die hungernden Frauen und Männer und all die vielen Kinder waren gerettet.

Nikolausbesuch

(nach der Melodie von „Alle Jahre wieder")

Dieses Lied eignet sich gut für Aufführungen aller Art: Als Pantomime, Tischtheater oder mit Stabpuppen kann der Text von den Kindern umgesetzt und beim Adventskaffee präsentiert werden.

Alle Jahre wieder
in der Winterzeit
sind im Wald die Wege
und Bäume tief verschneit.

Reh und Hirsch und Hasen
haben es jetzt so schwer.
Auch die vielen Vögel
finden gar nichts mehr.

Doch die schlaue Eule,
die weiß längst Bescheid.
Nikolaus wird helfen
in der Winterzeit.

Horch – da knirscht sein Schlitten
schon im Winterwald.
Und der brave Esel
macht bei den Tieren halt.

Viele schwere Säcke
voll mit Kohl und Klee,
mit Salat und Möhren
stellt Niklaus in den Schnee.

Hat auch für die Vögel
Futter mitgebracht.
Hört – die Vögel singen
in der Weihnachtsnacht.

Nikolaus, wir freun uns,
heben Bein und Schwanz.
Nikolaus, wir danken
mit unserem Wintertanz.

Nikolaus muss weiter,
er hat nicht viel Zeit,
muss zu vielen Kindern,
und sein Weg ist weit.

Alle Jahre wieder
kommt der Nikolaus,
und er findet sicher
heut in unser Haus.

Nikolausstrümpfe mit Überraschungen

Material: ausgediente lange Seidenstrümpfe, Wollsocken, rote oder goldene Schleifen, kleine Steinchen, Reis, Erbsen, Murmeln etc. als Füllmaterial.
Die Kinder sitzen zu Gruppen von ca. vier Kindern zusammen. Dieses Tast- und Fühlspiel sollte einen ruhigen Verlauf nehmen und keinen Wettkampfcharakter haben.
Ein Kind bekommt ein mit einer dicken Kordel zugebundenes Säckchen in die Hand. Mit geschlossenen Augen muss das Kind versuchen, die Kordel aufzubinden.
Die anderen rufen dabei:

1-2-3-4,
der Nikolaus war hier.
In der dunklen Nacht
hat er was mitgebracht.

Nach dem Spruch ist das nächste Kind mit dem Aufbinden dran. Wenn die Kordeln aufgeknotet worden sind, muss der Inhalt befühlt und benannt werden. Wenn die Gruppe fertig ist, darf jedes Kind einmal in den großen Nikolaussack mit den kleinen Weihnachtsschätzen (eingewickelte Zaubersteine, Murmeln, gefüllte Nüsse etc.) greifen.

Das Spiellied von dem Nikolausglöckchen

(nach der Melodie von „Kling, Glöckchen, klingelingeling")

Dieses Lied lässt sich gut mit Glöckchen begleiten. Dabei werden die Glöckchen in der letzten Strophe immer leiser, ehe sie beim abschließenden Refrain noch einmal so richtig losläuten.

Kling, Glöckchen, klingelingeling,
kling, Glöckchen, kling!
Wer kommt da geritten?
Zieht mit schwerem Schlitten,
und mit viel Gebimmel
saust er übern Himmel.

Kling, Glöckchen, klingelingeling,
kling, Glöckchen, kling!
Nikolaus der Gute,
lässt zu Haus die Rute.
Seht, die braven Schimmel
sausen übern Himmel.

Kling, Glöckchen, klingelingeling,
kling, Glöckchen, kling!
Stiefel vor die Türe,
Heu für alle Tiere!
Schau, das Sterngewimmel,
wie es blitzt vom Himmel!

Kling, Glöckchen, klingelingeling,
kling, Glöckchen, kling!
Und aus weiter Ferne
glänzen all die Sterne.
Leis hör ich die Glocken,
leiser rieseln Flocken.

Kling, Glöckchen, klingelingeling,
kling, Glöckchen, kling!

Das Lichter-Puste-Spiel

Auf einem Tablett sind in der Anzahl der mitspielenden Kinder Teelichter aufgestellt.
Der Spielleiter erzählt eine weihnachtliche Geschichte, in der die Namen der Kinder vorkommen, die um die Lichter herum versammelt sind. Wenn der Name des Kindes erwähnt wird, darf es ein Licht auspusten. Wenn alle Kerzen ausgepustet sind, wird eine neue Geschichte erzählt.

Setzen Sie an den Leerstellen jeweils die Namen der Kinder ein! Die kursiv gedruckten Wünsche und Geschenke können den tatsächlichen Wünschen der Kinder angepasst werden.

Beispiel: Der Nikolaus hat in der Weihnachtszeit sehr viel zu tun. Frühmorgens spannt er den treuen Esel vor den Schlitten und sagt zu ihm: „Du wirst mich heute wieder ganz brav durch den tiefen Schnee im Winterwald ziehen. Als Erstes müssen wir die kleine _____ besuchen.
Nun will ich mir aber schnell noch die Wunschzettel von _____ und _____ anschauen. Und hier auf diesem Wunschzettel hat _____ einen wunderschönen *braunen Bären* aufgemalt."
Dann öffnet der gute Nikolaus den dicken Brief. Da hat _____ eine *Taschenlampe* aus einer Zeitschrift aufgeklebt. Nun steigt der gute Nikolaus auf den Schlitten und ruft: „Hü-hott, hü-hott!" Vor dem Haus von _____ hält er an. Er steigt leise die Treppe hinauf. Da steht schon ein Stiefel vor der Tür. Er legt einen Apfel und *Buntstifte* hinein. Dann fährt er weiter zu _____ und _____ . Auch für diese beiden Kinder legt er eine kleine Überraschung in die Stiefel. Er weiß, dass sie *Zaubermurmeln* und *kleine Dinosticker* so gern mögen.
Und dann dreht er sich um und zieht die kleinen Nikolaussäcke für die anderen Kinder hervor. Daran hängen die Namensschilder für _____ und _____.
Als der Schlitten ganz leer und viel leichter geworden ist, schnaubt der Esel ganz fröhlich „I-ah!" und lässt seine Glöckchen am Halsband klingeln. So trabt er mit dem Nikolausschlitten zurück zum Nikolaushaus tief im Winterwald.

Wichteltanz

(Als Fingerspiel oder als Tanzlied auf die Melodie von „Brüderchen komm tanz mit mir!“)

Weihnachtswichtel, tanz mit mir,
beide Hände reich ich dir.
Einmal hin, einmal her,
rundherum, das ist nicht schwer.

Weihnachtswichtel 1-2-3,
komm zum Nikolaushaus herbei.
Knack die Nüsse, rühr den Brei,
hol den Zucker, schlag das Ei.

Weihnachtswichtel 1-2-3,
heut gibt's Weihnachtsbäckerei!
Roll den Teig nun schön glatt aus,
stich gleich Mond und Sterne aus.

Weihnachtswichtel 1-2-3,
heut gibt's Weihnachtsbäckerei!
Und nun in den Ofen rein,
bald wird alles knusprig sein.

Schnupper doch mal in die Luft,
heißa, das ist Weihnachtsduft!
Zieht die Bleche schnell heraus.
Los geht's jetzt zum Weihnachtsschmaus!

Dieses Lied kann als Fingerspiel gespielt werden. Es ist auch zum Tanzen mit mehreren Kindern geeignet. Beim Fingerspiel fassen Daumen und Zeigefinger der einen Hand den Zeigefinger der anderen Hand und tanzen herum. Die anderen Strophen können die Kinder pantomimisch nachspielen. Am Schluss werden die Weihnachtsplätzchen gemeinsam probiert.

Wenn Wichtelfüße erzählen

Alle Kinder ziehen Schuhe und Strümpfe aus und malen sich lustige Wichtelgesichter auf die Füße. Die Wichtelkinder können sich auch eine Socke als Mütze aufsetzen.
Die Kinder setzen oder legen sich auf den Boden und bewegen ihre „Wichtelfüße" passend zur Geschichte, die sie erzählt bekommen. Die Weihnachtswichtel erleben nämlich viele Abenteuer im „Wichtelwald" oder im „Weihnachtswichtelhaus" ...

Wenn die Kinder bei diesem Spiel sitzen und die Füße anheben, werden ganz nebenbei die Bauchmuskeln mit trainiert.

Beispiel: Heute gab es eine große Aufregung im Wichtelhaus: Die Wichtel waren ganz leise durch den Flur geschlichen, um den Nikolaus nicht zu wecken. Er war nämlich am Tag zuvor lange durch den tief verschneiten Winterwald gestapft, um den Wildtieren ihr Futter zu bringen. Jetzt lag er noch im Bett, während die Wichtel schon geschäftig hin und her liefen, um Papier und Farbe in die Werkstatt zu tragen und die fertigen Bilderbücher zum Schlitten zu bringen. Der kleine Moritz hatte sich zu viel aufgeladen und war genau vor der Tür zum Schlafzimmer des Nikolaus gestolpert und hingefallen.
„Wer macht da so einen Lärm?", wollte der Nikolaus schreien, aber er brachte nur ein heiseres Krächzen zu Stande. Schnell liefen alle Wichtel an sein Bett. Sie rieben sich kurz nachdenklich über die Nase und schon stürmten sie wieder davon. Gleich darauf kam der erste Wichtel mit einer dicken Wolldecke. Der nächste brachte einen langen roten Schal. Moritz tapste ganz vorsichtig, als er mit einer Tasse Holundersaft mit Honig ankam. Schließlich wollte er nicht noch einmal stolpern.
Der Nikolaus wickelte sich den Schal um den Hals, legte die Wolldecke über die Beine, trank den Holundersaft und schaute die Wichtel traurig an. Doch die eilten schnell wieder an ihre Arbeit und gaben sich ganz große Mühe, auch die Aufgaben vom Nikolaus noch mit zu erledigen. So konnte er sich ganz entspannt zurücklegen. Und am nächsten Tag ging es ihm schon wieder so gut, dass er aufstehen und nach dem Rechten sehen konnte.

Dieses Spiel hilft auch, den Wortschatz zu erweitern. Welche anderen Wörter für „gehen" gibt es noch? Wie sieht es aus, wenn man „eilt", „huscht" ...?

Backen und Basteln

Das Rentier Rudolf

Das wird gebraucht:
2 Wäscheklammern aus Holz
Holzleim (Ponal)
rotes Schleifenband
fertiger kleiner roter Pompon, alternativ roter Filz
rote Kordel
2 Kulleraugen
1 sehr kleines Glöckchen
Nadel und Faden

So wird es gemacht:
Von den beiden Holzklammern mit Hilfe eines Erwachsenen die Spannfedern lösen. Die 4 Klammerhälften mit den Rückseiten paarweise zusammenkleben und die rote Kordel als Aufhängefaden dazwischenkleben.
Nase aus rotem Filz ausschneiden und auf die Klammern kleben.
Über die Nase die beiden Kulleraugen kleben.
Aus dem roten Schleifenband eine Schleife binden und über die Augen kleben.
Auf den Knoten der Schleife wird abschließend das kleine Glöckchen genäht.

Nun kann das Rentier Rudolf einen Tannenzweig schmücken.

Nikolausstiefel

Aus 24 solcher Nikolausstiefel lässt sich ein Adventskalender herstellen.

Das wird gebraucht:
rote Filzreste
rotes Garn
Nadel
braunes und weißes Moosgummi
Wackelaugen
weißes Tonpapier
schwarzer Filzstift
Klebstoff
Schleifenband
2 weiße Pompons

So wird es gemacht:
Form des Nikolausstiefels (siehe Abbildung) zweimal aus den roten Filzresten ausschneiden.
Die beiden Teile mit dem roten Garn zusammennähen, wobei die obere Seite offen bleibt.
Den Bärenkopf auf das braune Moosgummi aufmalen und ausschneiden.
Nun aus dem weißen Moosgummi Ohren ausschneiden und auf den Bärenkopf kleben.
Aus dem weißen Tonpapier einen Kreis ausschneiden und mit dem schwarzen Stift eine Nase aufmalen.
Diese Nase und die Kulleraugen auf den Bärenkopf kleben.
Den Bärenkopf in den Filzstiefel schieben, sodass er oben herausschaut, festkleben.
Zum Abschluss aus dem roten Schleifenband eine Schleife binden.
Diese und die Bommeln ebenfalls aufkleben.

Nun kann der Nikolausstiefel mit einer leckeren Kleinigkeit gefüllt und verschenkt werden.

Rote Nikolausäpfel

Das wird gebraucht:

8–10 schön geformte Äpfel
250 g roter Einmachzucker
2 Esslöffel Wasser
Schaschlikspieße

So wird es gemacht:

Äpfel gut waschen und abtrocknen.
Zucker und Wasser im Topf unter ständigem Rühren erhitzen, bis der Zucker vollständig aufgelöst ist.
Äpfel auf die Schaschlikspieße aufspießen und rundherum in der Zuckerlösung wälzen.
Die Äpfel gut trocknen lassen und mit Puderzucker bestäubt servieren.

Lieblingsplätzchen der Weihnachtswichtel

Je nach Geschmack lassen sich die Zutaten variieren. Auch gehackte Haselnüsse und Rosinen eignen sich gut für diese Plätzchen.

Das wird gebraucht:

120 g Honig
120 g Butter
120 g Haferflocken
50 g Sesam
50 g gehackte Mandeln
30 g Sonnenblumenkerne
Backoblaten

So wird es gemacht:

Butter und Honig unter ständigem Rühren vorsichtig erhitzen, bis die Masse dick wird.
Nun die restlichen Zutaten hinzugeben und gut vermischen.
Die Masse etwas abkühlen lassen.
Mit zwei Teelöffeln kleine Häufchen formen und diese auf die Oblaten setzen.
Trocknen lassen.

Weihnachtswichtel-Leporello

Das wird gebraucht:

weißes Tonpapier
bunte Stifte
Schere

So wird es gemacht:

Aus dem Tonpapier einen Streifen von ca. 16 x 60 cm ausschneiden. Dieser wird viermal gefaltet, sodass eine Ziehharmonika entsteht. Die Wichtelfigur mit der Kerze wird auf das oberste Blatt gezeichnet. Hierbei ist wichtig, dass die Hände bzw. Kerzen bis an den gefalteten Rand des Tonpapiers reichen.

Nun wird die Figur ausgeschnitten. Achtung: Die Hände bzw. Kerzen müssen an den Faltkanten zusammenhängen!

Das Tonpapier auseinander falten und die vier Wichtelfiguren bunt bemalen.

Ein bunter Nikolaussack

Das wird gebraucht:

Reste von Jute- oder Leinenstoff
Nadel und Faden
Moosgummi
kleine Holzstückchen
Klebstoff
Pinsel
Farbe
Schere
dicke Kordel
evtl. Nähmaschine

Auch fertige Stoff-Einkaufstaschen eignen sich gut zum Bedrucken.
Der Stoff nimmt die Farbe besser an, wenn er vorher in Seifenwasser durchgespült wurde.

So wird es gemacht:

Den Stoff so zurechtschneiden, dass er als Sack zusammengenäht werden kann (rechteckig).
Mit der Hand oder mit der Nähmaschine die Stoffteile zusammennähen.
Aus dem Moosgummi weihnachtliche Motive, z. B. Tannen, Äpfel, Sterne, Herzen, Kerzen usw. ausschneiden und auf Holzstückchen kleben.
Die Motive mit Farbe bestreichen und auf den Sack drucken.
Die Farbe gut trocknen lassen.
Nun kann der Sack mit kleinen, möglichst selbst gebastelten Geschenken gefüllt werden.
Mit der dicken Kordel wird der Sack abschließend zugebunden.

Weihnachtswichtel-Fingerpuppe

Das wird gebraucht:
verschiedenfarbige Filzreste
Nadel und Faden
ein dunkler Stift
Watte

So wird es gemacht:
Aus dem Filz zweimal die Form für den Körper ausschneiden.
Beide Filzformen zusammennähen, wobei die kurze gerade Seite ausgespart wird.
Aus einem andersfarbigen Filzstück einen halbrunden Hut ausschneiden und aufkleben.
Aus rotem Filz einen Kreis ausschneiden und als Nase aufkleben.
Aus weißem Filz zwei Ellipsen ausschneiden, mit dem dunklen Stift Pupillen aufmalen und als Augen aufkleben.
Die Watte auseinander ziehen und als Bommel und Hutkrempe ankleben.
Einen großen Vollbart aus Watte um das Gesicht herum aufkleben.

Nun kann das Fingerspiel beginnen. Befestigt man eine Kordel an der Mütze, so erhält man einen tollen Weihnachtsbaumschmuck.

Hampel-Teddy

Das wird gebraucht:

fester Karton
Schere
Malfarben
festes Garn
4 Musterklammern
kleine Holzkugel mit Loch

So wird es gemacht:

Figurenteile (Körper, Arme und Beine) auf Papier malen und auf Karton kleben.
Die einzelnen Teile aus dem Karton ausschneiden und anmalen.
Mit einer spitzen Schere je zwei Löcher in die oberen Enden der Arme und Beine sowie an je eines an den Schultern und Hüften stechen.
Nun werden mit den 4 Musterklammern Arme und Beine an den Körper geklammert.
Durch die übrigen Löcher an Armen und Beinen werden Fäden gezogen, die jeweils die beiden Arme und die beiden Beine locker miteinander verbinden.
Mit einem dritten Faden, der lang zwischen den beiden Beinen herunterhängt, werden diese beiden Fäden verbunden.
An das Ende des langen Fadens wird die kleine Holzkugel gebunden.

Von Tannenbäumen, Sternen und Engeln

Symbole rund ums Fest

In der Weihnachtszeit begegnen sie uns überall, die Sterne, Engel und Weihnachtsbäume, die für uns ganz eng mit dem Christfest verbunden sind. Aber wo haben diese Symbole ihren Ursprung?
Bei dem Wort Engel denken wir wohl zunächst an den Verkündigungsengel, der Maria die frohe Botschaft brachte, oder an den Engel, der zu den Hirten auf dem Felde sprach. Vielleicht kommt uns auch der Engel in den Sinn, der in der Nacht den Josef vor dem grausamen Herodes warnte.
Aber in der Bibel hören wir noch viel öfter von Engeln: Sie warnen die Menschen, sie retten sie und sie schützen sie vor Gefahr. Sie sind Gottes Boten.

Ein Stern, so heißt es in der Bibel, hat die drei weisen Männer aus dem Morgenland nach Bethlehem an die Krippe des Christkindes geführt. Nach jüngster wissenschaftlicher Berechnung war dieser „Stern" eine Himmelserscheinung, die nur alle 400 Jahre eintritt: Die Planeten Jupiter und Saturn kommen einander so nahe, dass sie, von der Erde aus gesehen, wie ein einziger großer Stern erscheinen. Die Astronomen jener Zeit berechneten den Lauf dieser beiden Planeten und erwarteten nach ihren astrologischen Regeln, dass in Palästina, dem Land der Verheißung im Alten Testament, ein König geboren werden sollte. Der biblischen Überlieferung nach zogen die Sterndeuter daraufhin nach Bethlehem, um das Kind zu verehren und ihm Geschenke zu bringen.

Der Tannenbaum hielt erst im 17. Jahrhundert Einzug in die damaligen Adels- und Fürstenhäuser, ehe er später „bürgerlich" wurde. Aber schon in heidnischer und vorchristlicher Zeit wurden immergrüne Büsche und Bäume als Vorboten des wiederkehrenden Frühlings angesehen.

Geschichten und Gedichte

Wichtelspiel im Tannenwald

Die Auswahl des richtigen Tannenbaums ist nicht nur für Wichtel eine schwierige Aufgabe. In der Vorweihnachtszeit lohnt sich deshalb ein Ausflug zu den Tannenbaum-Verkaufsständen. Welchen Baum würden die Kinder wählen? Weshalb?

Knecht Ruprecht, dieser gute Mann,
schaut seine Weihnachtswichtel an.
„Ihr Wichtel", spricht er, „seid bereit!
Wir freun uns auf die Weihnachtszeit.
Kommt alle her aus dem Wichtelhaus
und geht in den Tannenwald hinaus.
Ihr sollt ein Tannenbäumchen schlagen
und her zu uns ins Häuschen tragen!"
Da stapfen die Weihnachtswichtel los.
Das erste Bäumchen ist zu groß.
Ganz schief ist dieser zweite Baum,
der trägt die Kerzen und Kugeln kaum.
Der dritte Baum flüstert: „Kommt und schaut,
bei mir hat das Eichhorn ein Nest gebaut."
Der vierte Baum ruft: „Ich bin zerzaust,
der Winterwind hat zu sehr gebraust!"
Der fünfte Baum ruft: „Ihr Wichtel, kommt her,
einen besseren findet ihr nimmermehr.
Meine Zweige sind ganz grün und frisch,
bald steh ich im Wichtelhaus auf dem Tisch,
geschmückt mit Kugeln und bunten Kerzen,
mit Lebkuchen und Schokoladenherzen.
Nun schlagt mich ab! Tragt mich heim geschwind!
Die Wichtel-Weihnachtszeit beginnt!"

Dieses kleine Wichtelspiel kann als Tischtheater gespielt werden. Die Kinder sitzen um den Tisch herum, auf dem auf einer weichen grünen Decke verschiedene Weihnachtsbäume stehen. Dafür können kleine Tannenzweige in Untersetzer mit Knetgummi oder Ton gesetzt werden.
Die Kinder agieren textgemäß mit ihren kleinen Wichtelfiguren aus Tannenzapfen mit Filzhüten (siehe Bastelanleitung auf Seite 83).

Kannst du reimen?

Seht ihr unsre Wichtelbuben	
in den Weihnachtsbäcker____?	*-stuben*
Wie sie all die Kuchen rühren,	
Weihnachtsplätzchen bunt ____.	*verzieren*
Und die braven Wichtelschneider	
nähen schon die Puppen____,	*-kleider*
flechten fleißig Puppenzöpfe	
für die vielen Puppen____,	*-köpfe*
baun die Weichen und die Schienen,	
müssen schnelle Loks ____.	*bedienen*
Ritter-Ratter-Eisenbahn,	
hängt die Güterwagen ____!	*an*
Holt Computer, Telefon,	
Düsenjets und Raum____.	*-station*
So viel Wünsche, klein und groß,	
flattern im Dezember ____.	*los*
Nik'laus holt die Eselsdecke,	
Wichtel schleppen schwere ____.	*Säcke*
Hicke-hacke-huckepack,	
tragt herbei den letzten ____!	*Sack*
Fegt ganz sauber alle Stufen,	
draußen knirschen schon die ____.	*Kufen*
Alle Kinder hier im Haus,	
freun sich auf den ____.	*Nikolaus*

Hier sollen die Kinder das Reimwort jeweils selbst finden. Man kann ihnen das erleichtern, wenn man in der Zeile davor das Wort, zu dem das Reimwort gebildet werden soll, etwas stärker betont.

Wolkenspiele vor Weihnachten

Florian zieht seine Sternenbettwäsche höher. Er kann gar nicht einschlafen. Der goldene Stern und der weiße Engel über der Heizung tanzen hin und her.
„Na, du bist ja noch wach!", hört er auf einmal eine leise Stimme. Das muss der Engel gewesen sein! Seine Flügel bewegen sich. – „Toll, so schöne weiße Flügel! Möchte ich auch haben!", denkt Florian.
„Engelflügel für den kleinen Florian! Kein Problem!", hört er wieder die leise Stimme. – „Du hast Glück, heute ist Vollmond, die Sterne blitzen zwischen den Wolken, und es ist genau sieben Tage vor Weihnachten! Da darf ein Engel mit einem kleinen Menschenkind auf die Wolkenberge fliegen. Und dort können wir spielen! Was du willst – Schlitten fahren, einen Schneemann bauen, auf den Engelpauken trommeln oder Geige spielen. Oder Frau Holle helfen, die Betten zu schütteln!"
Nein, zum Geigespielen und Bettenschütteln, da hat Florian keine Lust. Aber Fußball spielen! Mitten im Schnee mit den Engeln! Super wäre das! „Warte!", schreit Florian! „Ich komme mit! Gib mir bitte die Flügel!"

Oft fällt es den Kindern leichter, sich in die vorgegebene Situation hineinzuversetzen, wenn sie aus der Ich-Perspektive erzählen. Die Anregung zum Erzählen könnte also auch lauten: „Stell dir vor, du reist mit dem Engel in die Wolken. Was macht ihr da?"

Wer sich nicht traut, in der großen Gruppe zu erzählen, kann auch malen.

„Sag mal, hier vor dem Bett liegt eine weiße Feder", sagt Florians Mutter am nächsten Morgen. „Hast du heut Nacht deinen Indianerschmuck ausprobiert?" „Kann sein", sagt Florian grinsend. – Wenn die wüsste ...!

Das, was Kinder an dieser Geschichte sicher am meisten fasziniert, wird gar nicht erzählt. Somit ist es ihre Aufgabe, sich auszumalen, wie es denn nun tatsächlich auf der Wolkenreise gewesen ist. Lassen Sie die Kinder beschreiben, was Florian mit dem Engel alles erlebt, wie er sich dabei gefühlt und was ihm am besten gefallen hat.

Der kleine Bär im Winterwald

Um den Kindern das Nacherzählen zu erleichtern, kann man die einzelnen Schritte der Geschichte als Skizzen aufmalen. Die Kinder zeigen dann auf das jeweilige Bild und erzählen, was passiert.

Weihnachtsengel haben feine Ohren. Wenn sie zur Winterzeit über die Erde schweben, dann horchen sie auf die leisen Atemzüge des Eichhörnchens in seiner Winterhöhle hoch in den Tannenzweigen.
Sie vernehmen das Schnaufen der kleinen Bärenkinder, die im Winter in ihren Höhlen geboren werden.
Sie hören das leise Blätterrascheln, wenn ein Igel sich im Winterschlaf in seinem Blätterbett umdreht.
Und sie nehmen auch die leisen Wünsche der Kinder wahr, wenn sie schlafen und träumen.
Aber sie horchen auch auf kleine Schluchzer und traurige Seufzer.
Der kleine Weihnachtsengel Johannes, der über die Tannen im dunklen Winterwald hinwegflog, hörte auf einmal ein leises Klagen.
Der Engel flog tiefer, dicht über den Waldboden dahin. Da hing doch tatsächlich zwischen den scharfen Dornen der Weißdornhecken ein Teddybär. Der kleine Engel kniete sich nieder und versuchte, ihn vorsichtig aus den Dornen zu befreien.
„Was machst du denn so allein hier im Winterwald?", fragte er.
„Bist du von zu Hause ausgerissen?" – „Nein", brummte der Teddybär, „ich bin vom Schlitten des Nikolaus heruntergefallen. Aus dem obersten Sack, der war nicht fest zugebunden. Und als wir hier an der Hecke vorbeikamen und der Nikolaus plötzlich bremsen musste, weil ein Reh mitten im Weg stand, da bin ich herabgefallen."
„Wie gut, dass ich hier gerade umherflog", sagte der Weihnachtsengel und holte unter seinen Flügeln die feinen Goldhaare und Silbernadeln heraus. „Sitz ganz still, dann nähe ich dir deinen langen Riss hier am Rücken und am Po zu. Dann bist du wieder wie neu!"
„Hurra", brummte der Teddy, „dann bin ich ja ein besonderer Bär, ein Goldbär mit einer goldenen Naht hinten!"
Und der Weihnachtsengel ist dem Nikolaus ganz schnell nachgeflogen und hat ihm den Goldbären ganz tief in die rechte Manteltasche gedrückt. Vielleicht bist du der Glückspilz, der in diesem Jahr einen Teddybären mit goldenen Fäden auf dem Rücken bekommt.
Du musst es dir nur ganz fest wünschen!

Fingerspiel von den fünf Englein

Fünf Engel siehst du hier vor dir sitzen.
Wie die weißen Flügel blitzen!
Der erste schreibt heut ganz geschwind
den Weihnachtswunsch für ein Menschenkind.
Der zweite putzt in weiter Ferne
die Zacken der leuchtenden Weihnachtssterne.
Der dritte holt Mehl und Eier herbei
und Zucker und Butter – 1-2-3.
Der vierte formt Herzen mit leichter Hand
und ruft: „Passt auf! Wehe, es ist eins verbrannt!"
Und der fünfte Engel, der kleine Wicht,
der putzt und backt und bastelt nicht.
Der breitet die Engelsflügel ganz weit
und jubelt: „Ich freu mich auf die Weihnachtszeit!"

Wie bei Fingerspielen üblich übernimmt jeder Finger die Rolle eines Engels. Das Ganze kann noch intensiviert werden, indem man kleine Figuren bastelt. Dazu aus weißem Tonpapier oder weißem Filz Engelsfiguren ausschneiden und mit Filzstiften bemalen. Einen Fingerring aus weißem Filz, ca. 1,5 cm breit, ausschneiden, am Kinderfinger die Weite ausmessen, ca. 1 cm für den Kleberand zugeben, zusammenkleben und auf die Rückseite der Engelsfigur kleben.

Fingerspiel von den Spaßmacherengeln

Zwei lustige Engel, die schweben sacht
hernieder durch die Weihnachtsnacht.
Das sind zwei pfiffige Bengel,
zwei flinke, kleine Spaßmacherengel.
Die denken sich oft lustige Streiche aus,
vielleicht flattern sie auch zu uns ins Haus?
Hat's da nicht geläutet? Leise von fern?
Schwebt vor dem Fenster ein goldener Stern?
Sind's Engelsspuren dort im Schnee?
Flog hier ein Engel in die Höh?
Wer hat an der Birke ein bisschen gerüttelt
und dir ganz viel Schnee in den Kragen geschüttelt?
Hast du nicht ein Engelshaar heute gesehn,
so zart und golden, so wunderschön?
Und wer zeigte heut Nacht dir wohl im Traum
den allerschönsten Weihnachtsbaum?
Vielleicht waren das die zwei pfiffigen Bengel,
die lustigen, kleinen Spaßmacherengel.

Auf die Zeigefinger jeder Hand werden zwei Engelsfiguren gestülpt, die munter hoch und nieder schweben.
Es macht den Kindern auch viel Spaß, selbst die Engel auf den Fingern agieren zu lassen.

Spiele und Lieder

Kleine Malkünstler im Schnee

Zum Färben des Wassers eignen sich Lebensmittelfarben am besten, weil sie ungiftig und umweltverträglich sind.

Was machen wir, wenn die dünne Schneedecke einfach nicht reicht, um Schneemänner zu bauen?
Die Kinder zaubern mit einem Stock oder mit einem Ast, den der Wintersturm abgerissen hat, Schneebilder in den Schnee. Sie können Sterne, Herzen, Glocken, Engel, Tannenbäume, den Schlitten vom Nikolaus, seinen Esel, Schneemänner, Kamele, Schafe, den Stall mit der Krippe etc. in den Schnee malen.
Mit einer Spritzflasche, die mit gefärbtem Wasser gefüllt ist, können die Kinder sogar bunte Bilder in den Schnee zaubern.
Die Kinder können auch ein kleines Schneelied singen, wenn die Leute bewundernd vor ihren Kunstwerken stehen bleiben.

(Melodie: 10 kleine Negerlein)

Petrus, wir bitten dich,
schick Schnee noch immer mehr.
Die Schneedecke ist gar so dünn,
sie reicht nicht hin und her.

Schlittenfahrt und Schneeballschlacht,
das fällt heut leider aus.
Doch spielen wir dann Malersmann
im Garten vor dem Haus.

Ich mal den Schneemann hier
und du den Tannenbaum.
Und dort erscheint der Nikolaus,
den seh ich heut im Traum.

Schneemaler sind geschickt,
wir denken uns was aus.
Uns fällt bestimmt noch viel mehr ein
im Schnee vor unserm Haus.

Lied von den Weihnachtsvorbereitungen

(Auf die Melodie von „Lasst uns froh und munter sein“)

Lasst uns froh und munter sein,
auf das Weihnachtsfest uns freun.
Lustig, lustig, trallalalala,
bald ist Weihnachtsabend da.

Schnuppert doch mal in die Luft,
riecht ihr nicht den Weihnachtsduft?
Lustig ...

Rührt den Honigkuchen an
für den Pfefferkuchenmann!
Lustig ...

Basteln, backen mag ich gern,
vor dem Fenster hängt mein Stern.
Lustig ...

In mein Zimmer kommt keiner rein,
das soll mein Geheimnis sein!
Lustig ...

Schere, Kleister und Goldpapier,
meine Werkstatt, die ist hier!
Lustig ...

Und ich muss noch fleißig sein,
dass sich viele Menschen freun!
Lustig ...

Die Kerzen an dem Weihnachtsbaum
sah ich leuchten schon im Traum.
Lustig ...

Pass auf in der Weihnachtszeit!

Der Spielleiter ruft den Spielern folgende Verse zu:

Wichtelmänner schick ich aus,
komm heut zu euch ins Haus.
Der Tannenbaum glitzert so fein,
sag nicht Ja und sag nicht Nein.

Dann geht er im Kreis herum, bleibt vor einem Mitspieler stehen und stellt ihm Fragen. Dieser muss die Fragen beantworten, ohne die „verbotenen Worte" „Ja" und „Nein" zu gebrauchen.
In dem Reim können für „Ja" und „Nein" natürlich auch andere Worte eingesetzt werden, z. B. „Rund" und „Dick" oder „Weiß" und „Schwarz". Da fällt den Mitspielern bestimmt selbst noch viel ein.

Köpfchen – Köpfchen

Die Dinge können auch einfach nur anders angeordnet werden.

Der Spielleiter legt auf ein großes Tablett einige Dinge, die alle mit der Weihnachtszeit zu tun haben, z. B. Nüsse, einen Engel, Strohsterne, Kekse, Lebkuchen, Tannenzapfen usw.
Nun hat jeder in der Runde Zeit, sich die Dinge genau einzuprägen.
Nach einer Weile muss sich ein Spieler umdrehen, während die anderen einen Gegenstand entfernen oder dazulegen.
Findet der Spieler den Unterschied?

Wo sitzt der Nusskönig?

Die Kinder sitzen im Spielkreis. Jedes Kind hat irgendein Geräuschelement in der Hand: Holzstäbe, Knisterpapier, ein Sieb, an dem gekratzt wird, einen Triangel, eine Flöte, eine bespannte Waschmitteltrommel, einen laut tickenden Wecker etc.
Ein Kind ist der „Nusskönig". Es hat eine Walnuss in der Hand, in der eine kleine Kugel klappert. Dazu wird die Walnuss vorsichtig geöffnet, ausgekratzt, eine Murmel hineingelegt und die Nuss wieder zugeklebt.
Einem Kind werden die Augen verbunden. Es wandert im Kreis herum und versucht, die Geräusche zu erraten. Wenn es den „Nusskönig" erraten hat, darf es mit diesem die Rollen tauschen. Alle Kinder wechseln die Plätze und die „Instrumente". Die Suche nach dem Nusskönig beginnt von neuem.

Nüsse würfeln

Jedes Kind erhält in seinem Körbchen etwa 6–10 Nüsse.
Nun wird gewürfelt. Wer eine „1" gewürfelt hat, legt eine Nuss in die Mitte des Tisches. Wer eine „6" gewürfelt hat, gibt die Nuss seinem Nachbarn. Sieger ist, wer als Erster keine Nuss mehr hat. Er darf alle Nüsse aus der Tischmitte in sein Körbchen füllen.

Dieses Spiel kann auch mit bronzierten oder in Goldpapier eingewickelten Murmeln gespielt werden.

Das Tannenbaumspiel

Jedes Kind bastelt sich einen Tannenbaum, bestehend aus sechs Teilen: Einen Stamm des Baumes, zwei Baumabschnitte, eine Baumspitze (z. B. ein Stern aus Goldpapier), eine Kerze und einen Anhänger (z. B. ein Engelchen). Jeder Bestandteil erhält eine Zahl zugeordnet (z. B. Stamm = 1).
Reihum wird gewürfelt und jeder versucht seinen Baum vollständig zusammenzusetzen. Würfelt ein Kind eine Zahl, deren Teil es schon hat, so wird der Würfel weitergereicht. Wer als erstes seinen Baum vollstängig zusammengesetzt hat, hat gewonnen.

Ein stilles Glöckchenspiel

(Der folgende Text kann gesprochen oder auf die Melodie „Alle Jahre wieder" gesungen werden.)

Alle Jahre wieder
läutet es von fern.
In den dunklen Tagen
hören wir es gern.

Alle Jahre wieder
leis ein Glöckchen klingt,
das uns Weihnachtsfreude
in unsre Herzen bringt.

Die Kinder sitzen auf weichen Kuschelkissen und singen das „Glöckchenlied". Nacheinander verbindet der Spielleiter ihnen die Augen. Ein Kind ist der „Glöckchenengel". Es hat die Augen nicht verbunden, geht im Spielkreis herum und läutet ab und zu das Glöckchen. Die anderen Kinder bewegen sich langsam und tastend durch den Raum. Der Spieler, der den „Glöckchenengel" als Erster tastend berührt hat, darf den neuen „Glöckchenengel" spielen. Dieses Spiel sollte sehr behutsam und leise gespielt werden.

Das leise Federnspiel

Die Kinder setzen sich zu Paaren auf eine weiche Kuscheldecke. Ein Kind bekommt eine Hand voll Federn (aus dem Bettengeschäft oder bei Spaziergängen gesammelt).
Zu einer ruhigen Musik oder einem zarten kleinen „Federlied" legt ein Kind dem Partner nacheinander Federn auf die bloße Haut der Arme, des Bauches, der Hände. Die Haut kann auch ganz sanft dabei gestreichelt werden.
Nach einer Weile werden die Rollen gewechselt. Der Raum kann in der Weihnachtszeit etwas abgedunkelt oder nur durch Kerzen erhellt werden.

Federlied

(Melodie: Alle Jahre wieder)

Seht – die zarten Federn
schweben her von weit.
Zart und weich von Flocken
in der Winterzeit.

Federn schweben leise,
wird kein Laut gemacht.
Kommen aus der Ferne
in der Winternacht.

Und ich leg die Federn
zart auf Arm und Bauch.
Du spürst es ganz leise
sanft wie Engelshauch.

Hört mal alle zu!

(Melodie: Schlaf, Kindlein, schlaf)

Um den Kindern eine Hilfe zu geben, in welcher Reihenfolge die Strophen gesungen werden, lassen sich die entsprechenden Symbole (Tannenbaum, Engelkind, Weihnachtsstern, Kerze und Kinder in Aktion) auf Kärtchen malen oder kleben.

Hört mal alle zu,
wir spüren nun die Ruh.
Der Tannenduft zieht durch den Raum,
wir träumen leis den Weihnachtstraum.
Da freun sich ich und du.

Hört mal alle zu,
wir spüren nun die Ruh.
Ein Engelkind berührt uns sacht,
es kommt so still die Weihnachtsnacht.
Da freun sich ich und du.

Hört mal alle zu,
wir spüren nun die Ruh.
Nun funkelt golden aus der Fern
der große schöne Weihnachtsstern.
Da freun sich ich und du.

Hört mal alle zu,
wir spüren nun die Ruh.
Der Kerzenduft zieht durch den Raum,
wir träumen schon vom Tannenbaum.
Da freun sich ich und du.

Jetzt wolln wir nicht mehr ruhn,
es gibt so viel zu tun.
Nun ist ein jeder aufgewacht,
und bald beginnt die Weihnachtsnacht.
Da gibt es viel zu tun.

Nun gehen wir erfrischt wieder an unsere weihnachtlichen Vorbereitungen.

Eine kleine Ruhepause in der Weihnachtszeit

Oft sind wir in den Tagen vor Weihnachten mit Basteln, Backen und Päckchenpacken so beschäftigt, dass die Kinder ein bisschen überdreht sind.
Da tut es gut, sich gemeinsam eine kleine Atempause zu gönnen.
Ein altes Kinderlied kann uns dabei helfen.
Wir lassen die Kinder zunächst ein bisschen kokeln, d. h., sie dürfen in einem großen feuerfesten Topf (Vorsicht!) ein paar Tannennadeln verbrennen. Ein weihnachtlicher Duft zieht dann durch den Raum.
Auch eine Duftlampe mit verschiedenen Duftölen kann eine wunderschöne weihnachtliche Ruhestimmung zaubern.
Wir setzen oder legen uns dabei ganz entspannt hin. Weiche Schmusekissen auf dem Sofa oder auf dem Teppich erzeugen eine wohlige, kuschelige Atmosphäre. Wir können dabei die Augen schließen.
Dann singen wir den Kindern ein kleines weihnachtliches Traumlied vor oder lassen es von der Kassette einspielen.

Backen und Basteln

Türkränze für die Kleinsten

Das wird gebraucht:
grünes Tonpapier
rotes Krepppapier
Zirkel
Schere
Faden zum Aufhängen
Nadel

So wird es gemacht:
Aus grünem Tonpapier einen Kranz ausschneiden (Außenkreis ca. 18 cm, Innenkreis ca. 8 cm).
Einen ca. 1 cm breiten Krepppapierstreifen zuschneiden und in Runden um den Kranz winden.
Enden zur Schleife binden.
Aufhängefaden befestigen.

Weihnachtliches Lesezeichen

Die Lesezeichen lassen sich auch als Weihnachtsbaumschmuck verwenden. Einfach über die Zweige legen – fertig!

Das wird gebraucht:
Schleifenband oder Borte (möglichst mit weihnachtlichen Motiven)
Filzreste
Klebstoff oder Nadel und Faden

So wird es gemacht:
Aus den Filzresten weihnachtliche Motive wie Tannenbaum, Stern, Glocke oder Herz zweifach ausschneiden.
Band zwischen die Filzformen legen, diese aufeinander kleben oder nähen.

Rustikaler weihnachtlicher Blumentopf

Statt des Packpapiers lässt sich auch grobe Jute gut verwenden.

Das wird gebraucht:
Tontopf
Packpapier
Bindfaden
Goldspray
Sand oder Erde
Tannengrün, Stechpalme
Japanische Laterne, Trockenblumen
evtl. weihnachtliche Figuren und Schaschlikspieße

So wird es gemacht:
Tontopf mit grobem Packpapier einschlagen, dicken Bindfaden mehrfach herumschlingen.
Mit Goldspray besprühen.
Sand oder Erde einfüllen.
Tannengrün und Stechpalme hineinstecken. (Weil sie hochgiftig ist, sollte keine Eibe dabei sein. Doch auch Edeltanne nadelt bis Weihnachten nicht.)
Mit Japanischer Laterne und Strohblumen dekorieren.

Weihnachtliche Figuren aus Holz oder Tonkarton auf Schaschlikspieße geklebt sind ein hübscher weihnachtlicher Schmuck zwischen den Zweigen.

Glocken, Herzen und Sterne als Geschenk- oder Baumanhänger

Wenn die Bastelarbeit als Baumschmuck verwendet werden soll, sollte auf beiden Seiten Geschenkpapier aufgeklebt werden. So sind Vorder- und Rückseite gleich hübsch anzusehen.

Das wird gebraucht:

Pappe
Pauspapier
Bleistift
Schere
Tonkarton oder Wellpappe in verschiedenen Farben
weihnachtliches Geschenkpapier
Klebstoff
Goldfaden
dicke Nadel

So wird es gemacht:

Formen abpausen und auf Karton übertragen. Diese Schablonen können dann immer wieder verwendet werden.
Die Schablonen auf den Tonkarton oder die Wellpappe legen, die äußeren Umrisse nachzeichnen, ausschneiden.
Die Schablonen auf das Geschenkpapier legen, die inneren Umrisse nachzeichnen, ausschneiden.
Das Geschenkpapier mittig auf die Form aus Tonkarton oder Wellpappe kleben. Einen Goldfaden zum Aufhängen daran befestigen.

Weitere Formen erhält man, wenn man Ausstecher auf Pappe legt und außen herumzeichnet.

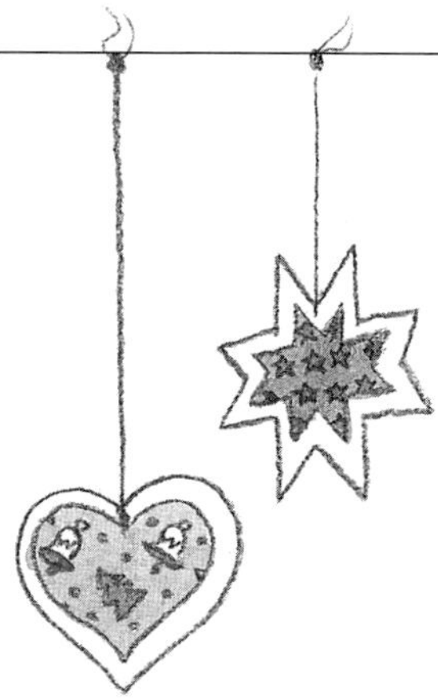

Weihnachtsplätzchen

Das wird gebraucht:

für den Teig:

200 g Haferflocken
250 g Weizenmehl Type 1050 oder frisch gemahlenes Vollkornmehl
75 g gemahlene Haselnüsse
150 g Margarine
100 g Vollrohrzucker
100 g Honig
2 Teelöffel Backpulver
etwas Zimt, Vanille, Anis

zum Verzieren:

1 Eigelb
1 Esslöffel Milch
gehackte Nüsse oder Mandeln

So wird es gemacht:

Alle Zutaten für den Teig verkneten und dann eine halbe Stunde lang kalt stellen. Teig ausrollen und Figuren ausstechen. Plätzchen auf das mit Backpapier ausgelegte Blech legen, mit der Mischung aus Ei und Milch einstreichen und mit Nüssen oder Mandeln verzieren.
Zehn Minuten bei 175° C backen.

Nudelengel

Das wird gebraucht:

Nudeln in verschiedenen Formen
(siehe Abbildung)
Plakafarbe in Weiß
Goldbronze
Holzkugeln
gezackte Schrauben
Pinsel
Klebstoff
Filzstifte
Nylonfaden

So wird es gemacht:

Nudeln weiß, Flügelspitzen golden anmalen.
Auf den Engelskopf (Holzkugel) ein Gesicht malen.
Schraube bronzieren und auf die Holzkugel kleben.
Flügel, Arme und Kopf an den Engelskörper kleben.
Zum Aufhängen den Nylonfaden an der Schraube befestigen.

Süße Tischdekoration

Wir holen Zweige grün und frisch
und schmücken damit unsern Tisch.
Dazwischen stellen wir süße Kerzen,
auch selbst gebackene Lebkuchenherzen.
Am Kranz die erste Kerze brennt,
so feiern wir fröhlich den Advent.

Das wird gebraucht:

1 Eiweiß
2 Tropfen Zitronensaft
250 g Puderzucker
Waffelröllchen
Schokoladenringe oder Ringe aus Plätzchenteig
ganze Mandeln

So wird es gemacht:

Das Eiweiß mit dem Zitronensaft steif schlagen, Puderzucker darunter rühren. Mit diesem Zuckerguss je ein Waffelröllchen auf einen Schokoladenring kleben. Auf die entstandene „Kerze" eine Mandel als Flamme kleben. Gut trocknen lassen.
Als Tischdekoration vor jedes Gedeck stellen.

Weihnachtlicher Fensterschmuck

Das wird gebraucht:
schwarzes Tonpapier
buntes Transparentpapier
Schere, evtl. Cutter
Klebstoff

So wird es gemacht:
Aus Tonpapier die Umrisse von Kerzen mit Flamme ausschneiden. Bis auf einen Rand die Innenflächen mit der Schere oder dem Cutter herausschneiden.
Von hinten Transparentpapier hinter die Kerzen- und Flammenflächen kleben.

Glöckchenengel

Das wird gebraucht:

1 Glöckchen
1 größere Holzperle
(die Größe ist abhängig von der Größe des Glöckchens)
2 kleine Holzperlen
weißer Pfeifenputzer
Spitzenrest
Nadel und weißer Faden
Engelshaar
Filzstifte in Schwarz und Rot
Goldkordel

So wird es gemacht:

Ein Stück weißen Pfeifenputzer durch die Halteöse des Glöckchens ziehen, an den Enden Holzperlen als Hände ankleben.
Spitzenrest um das Glöckchen legen und zusammennähen.
Engelshaar auf die größere Holzkugel kleben und ein Engelsgesicht aufmalen.
Goldkordel durch die Halteöse des Glöckchens und von unten durch den Engelskopf ziehen. Kopf zusätzlich mit Klebstoff am Spitzenrest fixieren.

Weihnachtswichtel

Auf S. 62 finden Sie den Text für ein Wichtelspiel mit den gebastelten Figuren.

Das wird gebraucht:
Kiefern- oder Tannenzapfen als Körper
Holzkugeln in der passenden Größe als Kopf
Filzstifte
Holzleim
Filzrest in Rot

So wird es gemacht:
Kopf auf den Körper kleben.
Mit Filzstiften ein Gesicht aufmalen.
Entsprechend der Kugelgröße einen Halbkreis aus Filz ausschneiden und zur Tüte kleben.
Tüte als Zipfelmütze auf den Wichtelkopf kleben.

Weihnachtskugel

Das wird gebraucht:
1 Styroporkugel
Holzleim (z. B. Ponal)
Goldfaden für den Aufhänger
Goldfäden oder Goldspiralen
weihnachtliches Geschenkpapier oder buntes Japanpapier
Glitzersterne
Glitzersteine
Goldspray oder Goldpuder (und Haarspray)

So wird es gemacht:
In die Kugel einstechen und den Aufhänger mit Holzleim einkleben.
Das Papier mit Leim einstreichen und mit Falten (gerafft) um die Kugel kleben.
Fest andrücken und etwa eine Stunde trocknen lassen.
Die Dekoration aufkleben und die Kugel mit Goldfaden wie ein Wollknäuel umwickeln.
Leicht mit Haarspray einsprühen und Goldpuder darüber streuen, solange es noch feucht ist oder zart mit Goldspray besprühen.

An der Krippe

Weihnachtskrippen

Die Idee, zu Weihnachten eine Nachbildung der legendären Geburtsstätte Jesu Christi in Bethlehem zu bauen, stammt aus dem Mittelalter.
Franziskus von Assisi (1181 – 1226) hat zum ersten Mal eine Krippe außerhalb der Kirche eingerichtet. Er wollte den Menschen zeigen, was es heißt, dass der Sohn Gottes in einem armseligen Stall zur Welt kommt und unser Bruder wird. Sie sollten spüren, dass Gott uns auf unserer Erde ganz nahe sein will.
Am Heiligabend 1223 bewegte sich ein langer Zug von Menschen über die verschneiten Wege auf eine Höhle am Berg in der Nähe der Stadt Assisi in Oberitalien zu. Die Bauern hatten einen Ochsen und einen Esel mitgeführt und eine Futterkrippe mit Stroh gefüllt. Als alle an der Krippe versammelt waren, begann Franziskus die Geschichte der Geburt zu erzählen.
„Seht ihr", sagte er, „so arm ist der Sohn Gottes zu uns gekommen. Für uns Menschen hat er in der harten Felshöhle in Bethlehem gelegen. Er braucht unsere Liebe. Wir wollen ihn in unseren Herzen aufnehmen, wie er vor uns liegt im harten Stroh."
Die „Weihnachtshöhle" in Oberitalien ist noch heute zu besichtigen. Seit jener Zeit haben viele Menschen für das Jesuskind zu Weihnachten liebevoll Krippen in ihren Häusern aufgebaut.
Immer wieder haben Menschen versucht, das Geschehen in der Krippe auf ihre Art zu sehen und in Gemälden, Skulpturen und Holzschnitzereien darzustellen. Solche Bilder wollen hindeuten auf das, was am Weihnachtsfest wirklich wichtig ist: das Kind in der Krippe. Aus diesem Grund finden zu Weihnachten auch häufig Krippenspiele statt. Sie bringen den Zuschauern und besonders den Kindern das Geschehen anschaulich nahe.

In vielen großen Städten gibt es Ausstellungen von wunderschönen alten Krippenfiguren. Für Kinder ist es ein ganz besonderes Erlebnis, solche Krippen aus verschiedenen Landschaften und Jahrhunderten zu bestaunen.

Geschichten und Gedichte

Winterlich-weihnachtliche Namensgeschichten

Die Kinder sitzen im Kreis zusammen. In der Mitte steht ein kleiner Tisch mit einem Tablett voller Teelichter. Nun fängt der Spielleiter an, eine kleine weihnachtliche Geschichte zu erzählen.
Darin kommen die Namen aller Mitspieler vor. Das Thema kann das Schneemannbauen sein, eine Wanderung zur Tierfütterung mit dem Förster im Wald, ein Krippenspiel mit vielen verschiedenen Rollen etc. – Wenn der Name eines Kindes genannt wird, darf es aufstehen und eine Kerze anzünden. Ein Kind kann auch mehrmals eine Kerze anzünden, wenn sein Name öfter genannt wird.
Wenn alle Kerzen brennen, darf das Kind, das die letzte Kerze angezündet hat, alle Kerzen auspusten, und das Spiel beginnt von neuem.

Ersetzen Sie die unterstrichenen Namen durch die Namen der anwesenden Kinder. Viele Kinder haben auch Spaß daran, sich selbst eine entsprechende Geschichte auszudenken.

Beispielgeschichte 1:
Michael guckt aus dem Fenster. „Hurra, es hat geschneit!", ruft er. „Heute wollen wir einen Schneemann bauen! Eine Schneeballschlacht ist auch toll!" – „Ich will auch mitmachen!" ruft Lena. „Ich hole noch Lukas und Tamara und Anja und Maren und Christina ab." – „Aber ihr baut euch selbst ein kleines Schneekind an der Hauswand! Sonst stört ihr uns!", ruft Michael.

Er telefoniert rasch noch mal mit seinen Freunden. Bald stehen Thomas und Florian und Jörg und Andreas vor der Tür. Felix hat sogar einen alten Kochtopf und einen langen Stock mitgebracht. Und dann geht's an die Arbeit. „Du, die Kleinen sind schneller fertig als wir!", ruft Florian. – „Das ist ja auch nur ein Mini-Schneemann", meint Felix.
Gegen Mittag sind alle weißen Männer fertig.
Michael holt noch die Spritzflasche aus dem Haus, füllt sie mit Farbe und spritzt dem Schneemann einige bunte Knöpfe, einen Schal und einen lustigen roten Mund auf.
„Das ist ja ein Faschingsschneemann geworden!", ruft Thomas. – „Bis Fasching soll er mindestens hier stehen", meint Fabian. – „Na, es wäre schon toll, wenn Petrus eure Kunstwerke bis Weihnachten stehen lässt", meint der Vater lachend, als er aus dem Haus kommt.

Beispielgeschichte 2:
Die Hirten hatten im Stall das Kind gesehen und ihm ihre Geschenke gebracht. Nun rief Thomas: „Kommt, wir laufen zurück nach Bethlehem! Wir müssen den Menschen doch sagen, was hier geschehen ist!" – Als Lukas und Michael den Hügel zwischen den Palmen hinabliefen, trafen sie Lena und Mirjam, die die Ziegen zur Weide führten.
„Im Stall ist ein Wunder geschehen!", riefen sie. „Das Christuskind ist geboren!" Dann liefen sie weiter ins Dorf hinein. Am Wegrand hockten Florian und Carmen und Bettina und spielten mit ihren Murmeln.
„Holt von zu Hause warme Tücher und Decken!", riefen sie.
„Es ist so kalt draußen im Stall, wo das Christkind geboren ist!" Dann sahen sie, dass Carlo und Laura und Martin an der Wand ihrer Hütte Holzscheite aufschichteten.
„Schnürt Holzbündel zusammen!", riefen sie. „Der Josef im Stall dort oben bei den Palmen muss ein Feuer anmachen. Die Maria hat ein Kind geboren, das friert, und die Eltern brauchen eine warme Suppe."
So sagten sie noch vielen Kindern in Bethlehem Bescheid. Gegen Abend bewegte sich ein langer Zug von Kindern vom Dorf her zum Stall, in dem das Jesuskind in der Krippe lag.

Die Moritat von den naschhaften Weihnachtsmäusen

Eine „echte" Moritat wurde früher mit Hilfe einer Bildtafel vorgetragen: Die verschiedenen Ereignisse waren darauf dargestellt und der Vortragende zeigte mit einem Zeigestock auf die entsprechende Szene. Solch eine Bildtafel könnten auch die Kinder in Gemeinschaftsarbeit erstellen.

Leise rieselt's vom Baum,
Nadeln und Watteflaum!
Willi, der hat was entdeckt,
das ist ganz oben versteckt.

Schnell aus den Ritzen herbei!
Baum hoch – das geht 1-2-3!
Was duftet neben der Nuss?
Marzipan – ein Hochgenuss!

Herzen, Kringel und Stern
knabbern wir gar zu gern.
Flink huschen wir hin und her,
Lebkuchen – das schmeckt nach mehr!

Alles hineingestopft,
Willis Mäuseherz klopft.
Und macht vor Angst laut: Poch – poch!
Nun passt er nicht mehr durchs Loch!

Rund und schwer ist auch Klaus,
findet den Weg nicht mehr raus.
Und draußen vor der Tür
hockt Kater Kasimir.

Los, flitzt ins Krippenstroh,
still, wackelt nicht mit dem Po!
Wenn auch das noch nichts nützt,
hoch auf den Baum schnell geflitzt.

Da sitzt ihr unbewegt,
bis die Silvesteruhr schlägt.
Böller und Krachen und Graus,
dann saust ihr schnell aus dem Haus.

Leise rieselt's vom Baum,
Nadeln und Watteflaum.
Hier noch ein Mäusehaar,
ob das wohl von Willi war?

Kommt doch her zur Krippe!

Ein Engel trat bei Maria ein:
„Maria, du sollst gegrüßet sein.
Gott schenkt dir ein Kind, das ist arm und klein,
er lässt die Menschen nicht allein.“

Der Weg nach Bethlehem ist weit.
So müde ist Marias Schritt.
Doch Gott beschützt seinen lieben Sohn,
und der Stern am Himmel zieht mit.

Maria und Josef finden kein Haus,
nur den Stall mit Heu und Stroh.
Da liegt das liebe Jesuskind,
das macht uns alle froh.

Die Engel rufen den Hirten zu:
„Ihr sollt nach Bethlehem gehn!
Im Stalle findet ihr Gottes Sohn,
nun eilt, das Kindlein zu sehn!“

Ich möchte mit den Hirten singen,
du hast Geburtstag, Jesuskind.
Und mit dir freun sich alle Kinder,
dass sie ganz nahe bei dir sind.

Dieser weihnachtliche Text wird langsam und ausdrucksvoll von fünf Kindern gesprochen. Dazu werden die einzelnen Szenen als Pantomimenspiel dargestellt. Auf der einen Seite des Spielkreises kann die Krippe aufgebaut werden. Die Kinder singen zu Beginn ein weihnachtliches Lied.

Kannst du reimen?

Am Schlüsselloch, am Schlüsselloch,
da bleib ich lange stehn.
Ich möchte gar zu gerne doch
ein Zipfelchen erspähn!

Links seh ich die grüne Tanne,
davor die Puppenbade____. *-wanne*
Ich glaub, rechts steht das Kasperhaus,
da guckt das Krokodil ____. *heraus*
Hier auf dem Boden liegt ein Reifen
und auch ein Ball mit bunten ____. *Streifen*
Der Teddybär sitzt auf dem Tisch,
und im Aquarium schwimmt ein ____. *Fisch*
Was seh ich dort auf unsrer Truhe?
Das sind ja neue Fußball____. *-schuhe*

Und dann – und dann – was kann das sein?
Oh weh, jemand steckt den Schlüssel rein!
Aus der Traum! Aus der Traum!
Na – morgen strahlt unser Tannenbaum.
Dann wird das Zimmer aufgemacht,
denn dann ist endlich Weihnachtsnacht!

Spiele und Lieder

Wenn die Tiere an die Krippe kommen

Kostümierung und Schminken:
Die Tierkinder können artgemäß verkleidet und geschminkt werden.
Ochse, Esel, Hasen können z. B. Halbmasken aus Pappmaschee tragen. Schmetterlinge und Käfer können Flügel überstreifen. Die Störche tragen lange Schnäbel, die Schildkröte einen Panzer, der Igel ein Stachelkleid aus Wäscheklammern, die Schafe weiße Wollreste auf dem Pulli …
Mit Schminke können die Tiergesichter ausdrucksvoll angemalt werden.

Dies ist ein Spiel für die Allerkleinsten in der Kinderstube oder Krabbelgruppe, in den Mutter-Kind-Stuben und im Kindergarten. Die Erzieherin, Eltern und ältere Kinder können die einzelnen Strophen singen. Die Kinder agieren pantomimisch und treten nacheinander an die Krippe, wo sie ihre Geschenke ablegen. Dann stellen sie sich im Halbkreis um die Krippe herum. Am Schluss können alle in die letzte Strophe mit einstimmen. Die Strophen passen zu der bekannten Melodie von „Alle meine Entchen".

Erzähler:
In der ersten heiligen Nacht sind Maria und Joseph mit dem Kind wohl nicht allein in dem dunklen Stall gewesen. Ochs und Esel haben neben der Krippe gestanden, und es sind sicher auch viele Tiere von weither herbeigelaufen, um das Kindlein in der Krippe zu begrüßen.

Alle unsre Mäuslein
trippeln rasch herbei,
trippeln rasch herbei,
legen ein paar Körner
unserm Kind ins Heu.

Alle unsre Hasen
hoppeln nun hervor,
hoppeln nun hervor,
machen lustig Männchen,
wackeln mit dem Ohr.

Alle unsre Käfer
mit dem roten Kleid,
mit dem roten Kleid,
wünschen Glück dem Kinde,
Gesundheit und viel Freud.

Alle Schmetterlinge
in dem Sternenglanz,
in dem Sternenglanz,
zeigen ihren bunten,
frohen Flügeltanz.

Alle unsre Frösche
mit dem grünen Strumpf,
mit dem grünen Strumpf,
quaken froh und platschen
heraus aus ihrem Sumpf.

Alle unsre Störche
stolzieren nun herein,
stolzieren nun herein,
klipper-klapp, sie wollen
nah beim Kinde sein.

Alle unsre Schafe
trippel, trappel, trapp,
trippel, trappel, trapp,
geben weiße Wolle
unserm Kindlein ab.

Katzen und die Hunde
zanken sich heut nicht,
zanken sich heut nicht,
sie sind gute Freunde
unterm Sternenlicht.

Und der graue Igel
mit dem Trippelschritt,
mit dem Trippelschritt,
bringt den süßen Apfel
auf den Stacheln mit.

Auch die braunen Bären,
brim und bram und brum,
brim und bram und brum,
drehn sich an der Krippe
froh im Tanz herum.

Seht den Elefanten,
der trompetet laut,
der trompetet laut:
„Habt ihr schon das Kindlein
im Stalle angeschaut?"

Seht, der graue Esel,
der hält treu die Wacht,
der hält treu die Wacht,
steht nah an der Krippe
die ganze heil'ge Nacht.

Und der große Ochse,
der steht auch ganz still,
der steht auch ganz still,
weil er mit dem Atem
das Kindlein wärmen will.

Schildkröte kriecht langsam,
trägt den Panzer schwer,
trägt den Panzer schwer,
und sie kommt als Letzte
auch zur Krippe her.

Josef und Maria
freuen sich so sehr,
freuen sich so sehr,
kommen so viel Tiere
zum Christuskindlein her.

Und wir singen alle
in dieser Weihnachtsnacht,
in dieser Weihnachtsnacht,
grüßen unser Kindlein,
das uns froh gemacht.

Suchspiel in der Weihnachtszeit

Im Raum werden Puzzle-Teile von den verschiedenen Tierbildern versteckt. Für die Kleinsten sind die einzelnen Teile schon von der Farbe her zuzuordnen: Schafe weiß, Kamele braun, Esel grau. Jeweils drei bis vier Kinder bilden eine „Suchgruppe". Ein Lied, das die Kinder vorher auf eine Kassette eingesungen haben, kann die Suche begleiten.

(Melodie: Lasst uns froh und munter sein)

Liebes Schäfchen, wo bist du?
Ach, das lässt mir keine Ruh.
Hast du dich hinterm Stein versteckt?
Oh – schon bald hab ich dich entdeckt!

Esel, Esel, wo bist du?
Ach, das lässt mir keine Ruh.
Willst du nicht den Schlitten ziehn?
Esel, sag, wo trabst du hin?

Wo sind die Kamele nur?
Hier im Sand ist ihre Spur,
tragen viele Schätze schwer,
ziehen durch die Wüste her.

Alle Tiere sind entdeckt,
hat sich keines mehr versteckt.
Alle nun beisammen sind,
und die Weihnachtszeit beginnt.

Die Kinder, die als Erste ihre Tiere zusammengepuzzelt haben, dürfen das nächste Spiel bestimmen oder in die Schatzkiste greifen.

Spiellied an der Krippe

(Melodie: Christkindelein, Christkindelein,
komm doch zu uns herein)

Christkindelein, Christkindelein,
wir kommen alle herein!
Wir laufen her mit schnellem Schritt.
Wir bringen Trommeln und Flöten mit.
Die Trommel – horch – ein lauter Ton,
ganz anders klingt das Xylophon.
Und singen können wir auch,
und singen können wir auch!

Wenn mit dem Schlegel über die Klangseite mit den tiefen Tönen gestrichen wird, klingt dies wie „Wellenrauschen".

Christkindelein, Christkindelein,
wir kommen alle herein!
Wir laufen her mit schnellem Schritt,
wir bringen auch ein Glockenspiel mit.
Das Glockenspiel ist leis und zart,
der Triangel klingt auch nicht hart.
Und singen können wir auch,
und singen können wir auch!

Triangel anschlagen.

Christkindelein, Christkindelein,
wir kommen alle herein!
Wir laufen her mit schnellem Schritt.
Das Becken bringen wir auch mit.
Das Becken hat einen vollen Klang,
so horch – die Töne summen lang.
Und singen können wir auch,
und singen können wir auch!

Becken erklingen lassen. (Deckel von Kochtöpfen tun es auch.)

Christkindelein, Christkindelein,
wir kommen alle herein.
Wir laufen mit schnellem Schritt,
die vielen Stäbe bringen wir mit.
Wir pochen, klopfen mit der Hand,
wir Tiere ziehen über Stein und Sand.
Und singen können wir auch,
und singen können wir auch!

Die Kinder lassen Holzstäbe und Klangstäbe ertönen.

Christkindelein, Christkindelein,
wir kommen alle herein.
Wir laufen mit schnellem Schritt,
und viele Kinder bringen wir mit.
Wir klatschen, stampfen mit Hand und Fuß,
das kann ein jeder dir zum Gruß!
Und singen können wir auch,
und singen können wir auch!

Die Kinder agieren mit ihren „Körperinstrumenten": Sie stampfen, klatschen ... Wie klingt es, wenn man dem Nachbarn auf den Rücken klopft, wenn man sich auf den eigenen Bauch klopft, wenn man springt?

Sternekullern in der Weihnachtszeit

Aus alten Kartons wird ein „Wolkenhaus" gebaut, das weiß angemalt wird. Auf einer Seite des Kartons werden weiße Watteflocken oder alternativ zu Kügelchen geformtes Geschenkpapier aufgeklebt. Zur Verzierung kann auch Frau Holle am Fenster gemalt und auf die Wolken geklebt werden.

Größere Tore bekommen eine niedrigere „Hausnummer" als kleinere, weil sie leichter zu treffen sind. Dann werden die getroffenen Hausnummern notiert und addiert.

Weiterhin werden in den Karton verschiedene „Tore" geschnitten, die mit den Zahlen 1–5 beziffert werden.
Von einem bestimmten Abstand aus wird nun versucht, mit Kugeln, Muggelsteinen und mit Tennisbällen, die mit Folie umwickelt wurden, die Tore zu treffen. Die Trefferquote wird vom Spielleiter aufgeschrieben.

Geschickte Weihnachtsmaler

Bei diesem Spiel sitzen die Kinder um den Tisch herum.
Bei jedem Durchgang rücken sie einen Platz weiter, damit jedes Kind einen günstigen Blickwinkel zum Erraten des Bildes hat.
Jeder darf einmal „Weihnachtsmaler" sein.
Der Spielleiter flüstert ihm einen weihnachtlichen Begriff ins Ohr, z. B. Tannenbaum, Engel, Hirte, Schaf, Esel, Ochse, Stall, Krippe, Stern, König, Kamel, Nikolaus, Schlitten, Lebkuchen, Geige, Flöte, Trommel etc., auch weihnachtliche Geschenke.
Der „Weihnachtsmaler" malt das entsprechende Bild und hält es hoch. Die anderen müssen den dargestellten Begriff erraten.
Wer dreimal richtig geraten hat, darf in die Schatzkiste greifen oder ein neues Spiel vorschlagen.

Wenn die Wartezeit vor Weihnachten zu lang wird

(auch zu singen auf die Melodie von „Bald nun ist Weihnachtszeit")

Bald nun ist Weihnachtszeit, fröhliche Zeit,
nur noch ... Tage, dann ist es so weit!

Mehl, Butter, Zucker, das rühren wir fein,
bald soll'n die Lebkuchen fertig sein.

Heut zieht der Kuchenduft süß durch das Haus,
holt schnell das Blech aus dem Ofen heraus!

Unterm Adventskranz, da basteln wir gern,
Ketten aus Nüssen, den goldenen Stern.

Seht, der (Andreas), der malt ganz geschickt,
Hut drauf – schon ist ihm ein Schneemann geglückt!

All seine Wünsche malt er aufs Papier,
Lok, Raumschiff, Autos, schon stehen sie hier!

... mal noch schlafen, dann ist es so weit.
Hei! Endlich Schluss mit der Wartezeit!

Heimlich wollt ich heut durchs Schlüsselloch spähn,
leider – da konnt ich vom Baum gar nichts sehn!

Bald schon da ist's mit dem Heimlichtun Schluss.
Blöd, dass ich noch ... mal schlafen muss.

Was ich gebastelt hab, pack ich heut ein.
... (alle Namen aufzählen), die werden sich freun!

Backen und Basteln

Krippenfiguren aus Holz

In der Kindergruppe lässt sich eine solche Krippe gut als Gemeinschaftsarbeit erstellen. Jedes Kind fertigt eine Figur an.

Das wird gebraucht:

rechteckige Holzreste (für die Könige und Hirten z. B. 8 x 5 x 3 cm)
Schmirgelpapier
Bleistift
Deckmalfarben
Pinsel
farbloser Lack

So wird es gemacht:

Holzteile abschmirgeln. Figuren mit Bleistift vormalen und farbig ausmalen. Trocknen lassen, anschließend lackieren.

Pfefferkuchen als Fensterbilder

Das wird gebraucht:

braunes Tonpapier
Bleistift
Schere
Pinsel
Deckweiß

So wird es gemacht:

Mit dem Bleistift werden die Umrisse von Pfefferkuchen auf das Tonpapier gezeichnet. Dann werden die Figuren ausgeschnitten und mit Deckweiß als Zuckerguss verziert.

Bunte Weihnachtssonnen fürs Fenster

Das wird gebraucht:

Pergamentpapier
Transparentpapier in verschiedenen Farben (möglichst Blau-, Gelb- und Rottöne)
Schere
Klebstoff

Es sollten nicht mehr als 2–3 Farben gewählt werden, damit die Weihnachtssonnen nicht zu bunt werden.

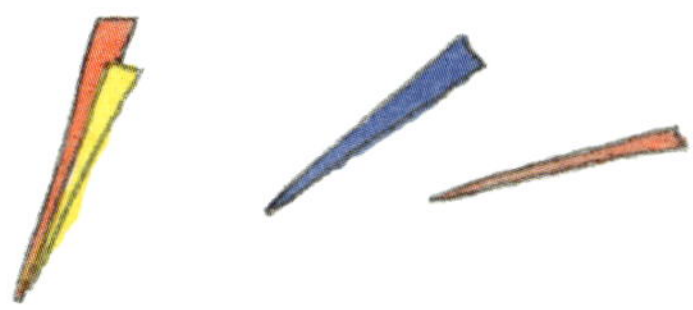

So wird es gemacht:

Aus Pergamentpapier ein Rechteck von ca. 12 x 30 cm zuschneiden. Schmale Dreiecke aus Transparentpapier ausschneiden und sternförmig überlappend zusammenkleben.

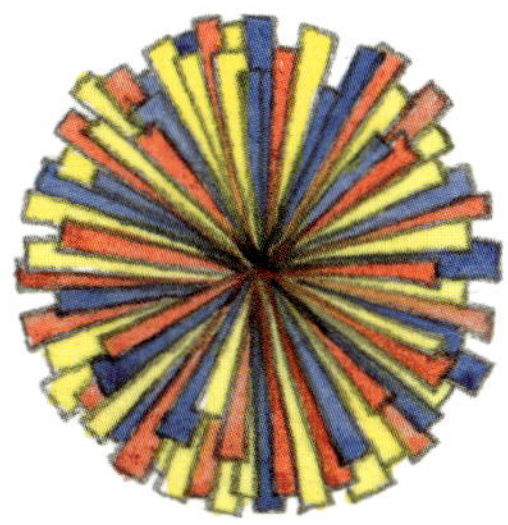

Gebackene Weihnachtsherzen für den Tannenbaum

Das wird gebraucht:

für den Teig:
250 g Mehl
100 g Zucker
100 g Butter
1 Päckchen Vanillezucker
1 Teelöffel Backpulver
1 Ei
zum Verzieren:
200 g Puderzucker
2 Esslöffel Milch
verschiedene Back- und Speisefarben
Zuckerstreusel
Zuckerblümchen
außerdem:
Backpapier
Schleifenband zum Aufhängen

So wird es gemacht:

Zutaten zu einem Mürbteig verarbeiten und ca. eine Stunde kalt stellen.
Den Teig ausrollen und Herzen in verschiedenen Größen ausstechen. Löcher zum Aufhängen in den Teig stechen.
Die Herzen auf ein mit Backpapier ausgelegtes Blech legen und ca. 12 Minuten bei 180° C backen.
Puderzucker mit lauwarmer Milch verrühren und jeweils Teile dieses Gusses mit unterschiedlichen Speisefarben einfärben. Farbigen Guss auf die Plätzchen streichen und mit Zuckerblümchen und Streuseln verzieren. Trocknen lassen. An Schleifenband aufhängen.

Leckere Bratäpfel

Das wird gebraucht:
für die Füllung:
3 Esslöffel Butter
3 Esslöffel Honig
etwas Zimt
eine Prise Bourbon-Vanille
abgeriebene Schale einer ungespritzten Zitrone
3 Esslöffel gemahlene Mandeln
2 Esslöffel gehackte Walnüsse
2 Esslöffel Rosinen
außerdem:
6 mittelgroße Äpfel
1 Fertigpackung Vanillesoße

Da die Äpfel beim Backen stark saften, empfiehlt es sich, Backpapier unterzulegen oder die Äpfel statt auf ein Blech in eine große Auflaufform zu legen.

So wird es gemacht:
Äpfel waschen und das Kerngehäuse ausstechen.
Butter erwärmen und die übrigen Zutaten der Füllung untermischen.
Die Äpfel auf ein gefettetes Backblech setzen und mit einem Teelöffel die Füllung in die Öffnungen geben. Das Ganze im vorgeheizten Backofen bei 180° C 18 bis 20 Minuten backen.
Dazu gibt es heiße Vanillesoße.

Punktespaß in der Weihnachtszeit

Das Gestalten mit dem Punktstempel fällt leichter, wenn man die Außenlinie der zu gestaltenden Figur vorher mit Bleistift vorgezeichnet hat. Dann kann man entweder nur diese Linie mit Punkten nachziehen oder die ganze Fläche ausfüllen. So lassen sich Karten, Anhänger und Geschenkpapier gestalten.

Das wird gebraucht:

alte Bleistifte mit einem Radiergummi am Ende
verschiedenfarbige Stempelkissen oder Deckmalfarben
Papier

So wird es gemacht:

Radiergummienden in die Stempelkissen tauchen und damit auf Papier stempeln. Aus den Punkten weihnachtliche Motive zusammensetzen.

Weihnachtliche Pop-up-Karte

Das wird gebraucht:

Tonkarton
Tonpapier
Klebstoff
Bleistift
Schere

So wird es gemacht:

Aus Tonpapier und Tonkarton je ein Rechteck von 21 x 15 cm zuschneiden und zur Klappkarte knicken.
In die Karte aus Tonkarton verschiedene Stege einschneiden.
Karte aufklappen, die Stege nach innen falten und an den senkrechten Teil der Stege weihnachtliche Figuren aus Tonpapier kleben.
Klappkarte aus Tonpapier außen um die Karte aus Tonkarton kleben, um so die Aussparungen durch die Stege zu kaschieren.

Beim Aufklappen werden die weihnachtlichen Motive sichtbar.

Weihnachtliches Duftkissen

Die Duftkissen lassen sich statt mit Tannennadeln auch mit Zimtstangen, Sternanis, Nelken oder anderen weihnachtlichen Gewürzen füllen.

Das wird gebraucht:

Tannennadeln
Stoffrest
Goldfaden

So wird es gemacht:

Stoffrest quadratisch zuschneiden. Tannennadeln hineinfüllen, mit Goldfaden zubinden oder zunähen.

Wer vor dem Einschlafen daran schnuppert, den begleiten vielleicht weihnachtliche Träume in den Schlaf.

Dekorativer Weihnachtschmuck

Das wird gebraucht:

dünne Pappe
Bleistift
weihnachtliches Geschenkpapier
Locher
gelbes Tonpapier
Faden

So wird es gemacht:

Tannenbaumform aufzeichnen und zweimal aus Pappe ausschneiden. Tannenbäume mit Geschenkpapier beziehen und aufeinander kleben. An der Spitze und am Fuß je ein Loch machen.
Aus Tonpapier zwei identische Sterne ausschneiden und an der Mittellinie aufeinander nähen, auffächern. Nun durch die Spitze des Tannenbaumes einen Aufhängefaden ziehen, den Stern am Loch im Fuß befestigen.

Klingender Weihnachtskranz

Das wird gebraucht:
Kranz aus Stroh oder Styropor
weihnachtliches Geschenkband
Goldfolie
kleine Glöckchen
Nadel
Goldfaden

Statt der Goldfolie kann man auch Drückblech verwenden. Dann lassen sich die Figuren noch mit reliefartigen Mustern verzieren.

So wird es gemacht:
Kranz mit dem Geschenkband umwickeln.
Aus der Goldfolie weihnachtliche Figuren wie Sterne, Herzen, Tannen oder Glocken ausschneiden.
Figuren und Glöckchen mit Goldfäden am Kranz befestigen.

Wenn der Kranz über der Heizung oder über brennenden Kerzen hängt, fangen die Glöckchen an, leise zu klingen, die Figuren tanzen geheimnisvoll hin und her. Das ergibt eine wunderschöne adventliche Stimmung.

Wir danken Ute Boels, Lilo Falkenstein, Maike Hingst, Anja von Rohden, M. Schacherbauer, Holle Schauder, Almut Schulz und dem Team vom evangelischen Kindergarten Mönkeberg für die Anregungen zu den Bastelarbeiten.

Die Deutsche Bibliothek – CIP-Einheitsaufnahme

Ein Titelsatz für diese Publikation ist bei der Deutschen Bibliothek erhältlich.

Die Schreibweise entspricht den Regeln der neuen Rechtschreibung.

4 3 2 1 01 02 03 04

Fotos: S. 9 Anneliese Kompatscher-Hoppe,
S. 12, 36, 60, 84 und Umschlag Johannes Volz
Umschlagkonzeption: Schmieder & Sieblitz
Redaktion: Petra Bowien
Printed in Germany

ISBN 3-473-37810-0

www.ravensburger.de